© Les Ateliers d'Art graphique Meddens, s.a., 141-143 avenue de Scheut – 1070 Bruxelles (Belgique)
Dépôt légal : D/1981/0062/96   -   136/3e trimestre
I.S.B.N. 2-87013-046-5
Printed in Belgium

DANS LA MÊME COLLECTION / IN DEZELFDE REEKS

F. van den Bremt, *Belgique / België / Belgien / Belgium / Bélgica*

F. van den Bremt, *Belgique, Villes d'art / België, Kunststeden / Belgium, Art centres / Belgien, Kunststädte / Belgica, Ciudades de arte*

Jo Gérard / C. van den Bremt, *Bruxelles / Brussel / Brussels / Brüssel / Bruselas*

J. Goffin / F. van den Bremt, *Belgique: Beffrois, Cathédrales, Hôtels de ville / België: Belforten, Kathedralen, Stadhuizen / Belgium: Belfries, Cathedrals, City halls / Belgien: Bergfriede, Kathedralen, Rathäuser / Belgica: Atalayas, Catedrales, Ayuntamientos*

A. Brunard / A. vander Linden / F. van den Bremt, *Bruxelles, Grand-Place / Brussel, Grote Markt / Brussels, Grand-Place / Brüssel, Grosser Markt / Bruselas, Plaza Mayor*

J. van Remoortere / F. van den Bremt, *Bruges / Brugge / Brügge / Bruges / Brujas*

J. van Remoortere / F. van den Bremt, *Bruxelles/Environs - Brussel/Omgeving - Brüssel/Umgebung - Brussels/Surroundings - Bruselas/Alrededores*

J. van Remoortere / F. van den Bremt, *Belgique: Trésors d'art / België: Kunstschatten / Belgium: Art treasures / Belgien: Kunstschätze / Bélgica: Tesoros de arte*

J. van Remoortere / F. van den Bremt, *Gent / Gand / Gent / Ghent / Gante*

D. Polet / F. van den Bremt, *La Wallonie / Wallonië / Wallonia / Wallonien / Valonia*

G. Poncin, *La Belgique vue du ciel / België vanuit de lucht / Belgien im Luftbild / Belgium: a bird's eye view / Belgica vista desde el cielo*

J. van Remoortere / F. van den Bremt, *Vlaanderen / La Flandre / Flanders / Flandern / Flandes*

R. de Cnodder / F. van den Bremt, *Antwerpen / Anvers / Antwerpen / Antwerp / Amberes*

D. Polet / F. van den Bremt, *Liège / Luik / Lüttich / Liège / Lieja*

J. van Remoortere / F. van den Bremt, *Châteaux de Belgique / Kastelen van België / Schlösser Belgiens / Castles of Belgium / Castillos de Bélgica*

G. Poncin, *Belgique, pays de clochers / België, land van torens / Belgien, Land der Türme / Belgium's steeples and towers / Bélgica y sus torres*

J. van Remoortere / F. van den Bremt, *Abbayes et béguinages de Belgique / Abdijen en begijnhoven in België / Abteien und beginenhöfe in Belgien / Abbeys and Beguinages in Belgium / Abadías y beaterios de Bélgica*

F. van den Bremt

Belgique
België
Belgien
Belgium
Bélgica

Meddens

Table des matières — Inhoud — Inhalt — Contents — Indice

Introduction

Ce n'est certes pas un hasard que Bruxelles a été choisie comme capitale et centre de l'Europe occidentale et que la plupart des services centraux d'une communauté européenne en formation ont été abrités dans ce petit pays près de la mer du Nord, comptant à peine 10 millions d'habitants.

Il est captivant de lire les conclusions d'une étude faite par bon nombre de spécialistes en marketing et en promotion de ventes lors d'une enquête sur les perspectives d'avenir de la Belgique.

Nous pouvons résumer ces conclusions comme suit: une situation géographique exceptionnelle, un bon réseau de transports publics et d'autoroutes, une activité culturelle importante, un grand nombre d'hôtels de première classe, une variété de magasins, une population accueillante et aimable, des musées très intéressants, des pôles d'attraction particulièrement passionnants, etc.

La Belgique est un des plus petits pays d'Europe et même du monde, et est limitée au nord et au nord-ouest par la mer du Nord (67 km de côtes) et les Pays-Bas, à l'est par l'Allemagne et le Grand-Duché de Luxembourg, au sud par la France.

Une population de 9.695.379 autochtones vit sur une superficie de 30.514 km² (317,7 habitants par km²).

Dans ses frontières cohabitent trois communautés: flamands 56,35%, wallons 35,51% et germanophones 0,64%.

La frontière nationale a une longueur totale de 1.444 km et la plus grande distance (Ostende-Arlon) est de 290 km à vol d'oiseau.

De même, la Belgique compte trois langues officielles: le néerlandais, le français et l'allemand.

Sur le plan économique, la Belgique est un des pays les plus industrialisés de l'Europe et se situe à peu près au centre du plus grand axe industriel de l'Europe occidentale qui s'étend de la basse-Seine à travers le nord de la France, la Belgique et le Limbourg néerlandais, jusqu'au Rhur allemand et la Saxe.

Sa situation géographique extrêmement favorable, avec un port maritime (Anvers) des plus importants et un réseau de chemins de fer des plus denses au monde, fait de la Belgique un important centre de transit.

Inleiding

Het is vast geen toeval dat Brussel tot hoofdstad en centrum van West-Europa werd gekozen, dat de meeste centrale diensten van een Europese landengemeenschap in wording in dit kleine land aan de Noordzee met zijn amper tien miljoen inwoners werden ondergebracht.

Het is wel boeiend de besluiten te lezen die een aantal marketing- en verkoopspecialisten nog niet zo lang geleden neerschreven naar aanleiding van een onderzoek naar België's toekomstperspectieven. Samenvattend komen deze besluiten hierop neer: uitzonderlijke geografische situatie, een goed net van openbaar vervoer en autobanen, een grote culturele activiteit, een groot aantal eersterangshotels, een variëteit van winkels, een gastvrije en vriendelijke bevolking, goed voorziene musea, bijzonder interessante attractiepolen, enz.

België is een der kleinste landen van Europa en zelfs van de wereld en wordt in het Noorden en Noord-Oosten begrensd door de Noordzee (67 km kust) en Nederland, in het Oosten door Duitsland en het Groothertogdom Luxemburg, in het Zuiden door Frankrijk.

Op een oppervlakte van 30.514 km² leeft een bevolking van 9.695.379 autochtonen (317,7 inwoners per km²). Binnen 's lands grenzen leven drie gemeenschappen: Vlamingen 56,35%, Walen 35,51% en Duitssprekenden 0,64%. De totale landsgrens is 1.444 km lang, en de grootste afstand (Oostende-Aarlen) bedraagt in vogelvlucht 290 km.

Dat betekend meteen dat België ook drie officiële landstalen heeft: Nederlands, Frans en Duits.

Economisch is België een der belangrijkste industrielanden van Europa en ligt het nagenoeg in het midden van de grootste westeuropese industrieas die van de Beneden-Seine over Noord-Frankrijk, België en Nederlands-Limburg, tot het Duitse Ruhrgebied en Saksen loopt.

Geografisch bijzonder gunstig gelegen, met een zeehaven (Antwerpen) die tot de grootste, en een spoornet dat tot de dichtste ter wereld tellen, is België uiteraard ook een belangrijk doorvoerland.

Sur base du revenu national par habitant, la Belgique peut être comptée parmi les 10 pays les plus riches au monde.

Si la Belgique est avant tout un pays industriel, l'agriculture, l'élevage, la sylviculture et la pêche sont des activités importantes également.

Sur le plan touristique, notre pays ne constitue certes pas une destination de premier ordre. Le tourisme est néanmoins une source considérable de revenus. La Belgique le doit surtout à ses deux grands pôles d'attraction: d'une part la côte avec sa plage, ses dunes et son infrastructure hôtelière excellente, et d'autre part les Ardennes avec la richesse très variée de ses forêts, de ses rivières, de sa flore et de sa faune. Cet attrait réside également dans ses plateaux avec une multitude de petits centres touristiques.

Vient s'ajouter encore le tourisme culturel qui attire annuellement d'innombrables touristes vers les villes d'art et de culture en Flandre et en Wallonie. Pour n'en citer que quelques-unes: Bruges, Anvers, Gand, Furnes, Ypres, Courtrai, Malines, Louvain, Tongres e.a. pour la Flandre; Tournai, Mons, Namur, Liège, Dinant, Bouillon etc. pour la Wallonie; et finalement, pas moins, la capitale Bruxelles.

Le lecteur intéressé trouvera un complément d'informations dans le chapitre «La Belgique touristique et artistique».

Nous avons pensé bien faire, dans l'espace restreint qui nous est imparti, de donner au lecteur un aperçu sommaire de l'histoire mouvementée de la Belgique, de même qu'un exposé succinct sur son architecture, sa sculpture et sa peinture auxquels le pays mérite d'être classé parmi les centres culturels les plus importants d'Europe.

Op basis van het nationaal inkomen per inwoner wordt België bij de tien rijkste landen ter wereld gerekend.

Is België hoofdzakelijk een industrieland, toch wordt er ook aan landbouw, veeteelt, bosbouw en visserij gedaan.

Op toeristisch gebied behoort ons land vast niet tot de grote vakantiedoelen, maar toch vormt het toerisme een belangrijke bron van inkomsten. Dat heeft België hoofdzakelijk te danken aan zijn twee grote aantrekkingspolen: de kust met haar strand, duinen en uitstekende accomodatie, en de Ardennen met hun zeer gevarieerd natuurschoon van bomen, wouden, riviertjes, hoogvlakten en de vele erin verspreid liggende kleine (toeristische) centra.

Daarnaast is er nog het zogeheten cultuurtoerisme, dat jaarlijks talloze toeristen naar Vlaanderens en Wallonië's oude kunst- en cultuursteden afleidt. Om er slechts enkele te noemen: Brugge, Antwerpen, Gent, Veurne, Ieper, Kortrijk, Mechelen, Leuven, Tongeren e.a. voor Vlaanderen; Doornik, Bergen, Namen, Luik, Dinant, Bouillon enz. voor Wallonië; tenslotte 's lands hoofdstad Brussel.

Meer hierover verneemt de geïnteresseerde lezer in het hoofdstuk «Toeristisch en artistiek België».

Wij hebben gemeend er goed aan te doen, binnen de ons toegestane beperkte ruimte, de lezer ook een beknopt overzicht te geven van België's bewogen geschiedenis, benevens een eveneens zeer beknopt overzicht van zowel de architectuur en de beeldhouwkunst als van de schilderkunst waaraan dit land dan toch zijn titel van «een der belangrijkste cultuurdragers van Europa» te danken heeft.

Einleitung

Es ist bestimmt kein Zufall, dass Brüssel als zukünftige Hauptstadt und Zentrum Westeuropas gewählt wurde und dass die meisten zentralen Institutionen der Europäischen Gemeinschaft in diesem kleinen Land an der Nordsee mit seiner Einwohnerzahl von knapp zehn Millionen untergebracht wurden.

Interessant in dieser Hinsicht waren die Erhebungen einer Reihe von Marketing- und Verkaufsspezialisten, die diese nach einer Untersuchung über die Zukunftsperspektiven Belgiens veröffentlichten. Kurz zusammengefasst stellte man folgendes fest : Eine ausserordentlich günstige geographische Lage, ein gutes Transport- und Autobahnnetz, eine ausgebreitete kulturelle Aktivität, eine grosse Anzahl erstklassiger Hotels, mannigfaltige Geschäfte, eine gastfreie und freundliche Bevölkerung, reichhaltige Museen, besonders interessante Anziehungspunkte usw.

Belgien ist eines der kleinsten Länder Europas und erst recht der Welt. Begrenzt ist es im Norden und Nordosten von der Nordsee (67 km Küste) und von Holland, im Osten von Deutschland und dem Grossherzogtum Luxemburg, im Süden von Frankreich. Auf einer Oberfläche van 30.514 km² lebt eine Bevölkerung von 9.695.379 Personen (317,7 Einwohner pro km²). Innerhalb der Landesgrenzen wohnen drei Bevölkerungsgruppen : Flamen (niederländisch sprechend, 56,35 %), Wallonen (französisch sprechend, 35,51 %) und Deutschsprechende (0,64 %). Daraus ergibt sich, dass Belgien drei Landessprachen hat, niederländisch, französisch und deutsch. Die gesamte Landesgrenze ist 1.444 km lang und der längste Abstand Oostende-Arlon beträgt in der Luftlinie 290 km. Wirtschaftlich ist Belgien eines des wichtigsten Industrieländer Europas. Es liegt ungefähr in der Mitte der grossen westeuropäischen Industrieachse, die von der unteren Seine über Nordfrankreich, Belgien, das holländische Limburg bis ins deutsche Ruhrgebiet und nach Sachsen verläuft. Geographisch ist es mit einem Seehafen (Antwerpen), der zu den grössten, und einem Eisenbahnnetz, das zu dem dichtesten der Welt gehört, besonders begünstigt, um als Durchgangsland zu dienen.

Introduction

That Brussels should have been selected as capital and centre of Western Europe ; that most central administrations of the European community of countries should have been established in this small country on the Northsea, with its population of a mere ten millions, — all this is not accidental.

Conclusions of a number of reports from marketing and sales specialists on future prospects for Belgium make fascinating reading. They can be summarized as follows : exceptional geographical location, a good network of public transport and motor-ways, intensive cultural activities, a large selection of first-class hotels, a hospitable and friendly population, a variety of shops, particularly attractive poles of interest, etc...

Belgium, — bordered to the North and North-East by the North-sea and the Netherlands (67 km of coast), to the East by Germany and the Grand Duchy of Luxembourg, and to the South by France, is one of Europe's — and even the world's — smallest countries.

Its surface of 30,514 km² has a national population of 9,695,379 (317.7 per km²). The latter consists of three communities : the Flemings (56.35 %), the Walloons (35.51 %), and the German speaking one (0.64 %). The national boundary totals 1,444 km, and the greatest distance (Ostend-Arlon) is of 290 km as the crow flies.

Belgium has three official languages : Dutch, French, and German.

Belgium is one of Western Europe major industrial countries, located as it is in the centre of the largest European industrial area including the Lower-Seine, Northern France, Belgium, Dutch Limburg, the German Ruhr area and Saxony.

By its favourable location, its sea-port (Antwerp, one of the world largest ones) and one of the most closely-knot railroad networks, the country also is a significant transit territory.

Belgium is among the world's ten richest countries, in terms of national income per inhabitant.

Introducción

No fue una casualidad que Bruselas se convirtiera en el centro de Europa Occidental, que se alojaron en este pequeño país junto al Mar del Norte, con sus apenas diez millones de habitantes, la mayoría de los servicios centrales de una comunidad europea en desarrollo.

No hace mucho, algunos especialistas de marketing y venta publicaron las conclusiones de su investigación sobre las perspectivas de Bélgica en un futuro próximo, que son bastante interesantes. Resumiéndolos, nos muestran lo siguiente: una situación geográfica excepcional, una buena red de transporte público y de autopistas, una gran actividad cultural, un buen número de hoteles de primera categoría, variedad de tiendas, una población hospitalaria y simpática, museos con importantes colecciones, centros de diversión y entretenimiento especialmente interesantes, etc.

Bélgica es uno de los países más pequeños de Europa y del mundo. Por el Norte y el Noroeste tiene el Mar del Norte (67 km) y a los Países Bajos como frontera; en el Este linda con Alemania y el Gran Ducado de Luxemburgo; Francia es su vecino del Sur.

Una población de 9.695.379 habitantes (317,7 habitantes por km²) vive en una superficie de 30.514 km². Dentro de estos límites conviven tres comunidades: la flamenca (56,35%), la valona (35,51%), y la germanoparlante (0,64%). Esto implica que Bélgica posea tres lenguas oficiales: el holandés, el francés y el alemán. La línea fronteriza total es de 1.444 km y la distancia mayor en línea recta (Ostende-Arlon) est de 290 km.

Económicamente Bélgica es una de los países industriales más importantes de Europa y como tal se encuentra casi en el centro del eje industrial de Europa Occidental que se extiende desde el Bajo Sena, por el Norte de Francia, Bélgica, el Limburgo holandés hasta el Ruhr alemán y Sajonia.

Su situación geográfica excepcional, con un puerto (Amberes) de los más grandes del mundo y una red ferroviaria extremadamente densa, hacen de Bélgica un importante país de tránsito.

Auf der Basis des nationalen Einkommens pro Einwohner wird Belgien zu den zehn reichsten Ländern der Erde gerechnet.

Obschon Belgien hauptsächlich ein Industrieland ist, gibt es auch Ackerbau, Viehzucht, Forstbetrieb und Fischfang. Touristisch gesehen gehört unser Land sicher nicht zu den ganz grossen Ferienzielen, doch bildet der Tourismus auch eine nicht unbedeutende Einnahmequelle. Das hat Belgien vor allem seinen zwei Anziehungspunkten, der Küste mit feinen Sandstränden, Dünen und ausgezeichneten Wohnmöglichkeiten und den Ardennen mit ihrer abwechslungsreichen Natur, ihren Wäldern, Flüssen, Hochebenen und vielen zerstreut liegenden touristischen Zentren zu danken. Ausserdem gibt es noch den sogenannten kulturellen Tourismus, der jährlich zahlreiche Reisende zu Flanderns und Walloniens alten Kunst- und Kulturstätten lockt. Wir zählen hier nur einige auf : Brügge, Antwerpen, Gent, Veurne, Yper, Kortrijk, Mechelen, Löwen, Tongeren, u.a. für Flandern, Tournai, Mons, Namur, Lüttich, Dinant, Bouillon für Wallonien, und schliesslich noch die Hauptstadt Brüssel. Mehr über diese Städte erfährt der interessierte Leser im Kapitel «Belgien, Reise-und Kunstland».

Es schien uns nicht unrichtig, innerhalb der uns zur Verfügung stehenden wenigen Seiten, dem Leser eine kurze Übersicht über Belgiens ziemlich unruhiger Geschichte zu geben. Auch einen kurzen Abriss über seine Kunst, die Architektur, Bildhauerkunst und Malerei ; denn seiner Kunst verdankt Belgien ja doch seinen Namen, einer der wichtigsten Kulturträger Europas zu sein.

While being primarily an industrial country, Belgium also is active in farming, stock-breeding, forestry, and fishing.

While not ranking among the major tourist attractions, Belgium nevertheless draws a significant income from tourism. The country owes this to its two major features : the coast and its beach, dunes and excellent accommodation, and the Ardennes, with its manifold natural attractions of trees, woods, rivulets, high plateaux, and their numerous, scattered tourist centres.

All this is being supplemented by what is being called «cultural tourism», drawing thousands of people every year to Flanders' and Wallonia's old art and cultural cities. To name but a few : for Flanders, Brugge, Antwerpen, Ghent, Veurne, Ieper, Kortrijk, Mechelen, Leuven, Tongeren, etc. ; for Wallonia, Tournai, Mons, Namur, Liège, Dinant, Bouillon, etc. ; and finally the country's capital, Brussels.

The interested reader will find more about this in the chapter «Touristic and artistic Belgium».

We thought it adequate to present the reader also, within the short, available space, with a short summary of the country's history, together with a very short survey of what the country has to offer in terms of architecture, and the arts of sculpture and painting, which justify Belgium's qualification as one of Europe's main cultural centres.

En base a la renta per cápita, Bélgica está incluido en la lista de los 10 países más ricos del mundo.

Aunque es un país primordialmente industrial, tienen también importancia la ganadería, la agricultura, la industria forestal y la pesca.

Si bien Bélgica no es un país exactamente turístico, el turismo es una fuente importante de ingresos debido sobre todo a dos polos de interés para visitantes: la costa con sus playas, dunas y su excelente infraestructura y las Ardenas con su bella y variada naturaleza, sus árboles, bosques, ríos, altiplanicies y sus muchos pequeños centros turísticos dispersos.

Existe además otro tipo de turismo, el llamado turismo cultural que atrae año tras año incontables visitantes a las ciudades, llenas de arte y cultura, de Flandes y Valonia. Podemos enumerar algunas: Brujas, Amberes, Gante, Veurne, Ypres, Courtray, Malinas, Lovaina, Tongeren, etc., en Flandes; Tournay, Mons, Namur, Lieja, Dinant, Bouillon, etc., en Valonia y finalmente la capital, Bruselas.

De esto los lectores se podran informar mejor en el capítulo «Bélgica turística y artística».

Hemos pensado que no estaría mal presentar al lector, dentro del cuadro del presente libro, un resúmen de la accidentada historia de Bélgica.

Además daremos los datos más importantes de su arquitectura, escultura y pintura que convirtieron Bélgica en «uno de los focos culturales más importantes de Europa».

1. **Anvers.** Panorama vu du «Torengebouw». — **Antwerpen.** Panorama, gezien vanaf het Torengebouw. — **Antwerpen.** Panorama von Turmgebäude aus gesehen. — **Antwerp.** Panorama, seen from the Tower building. — **Amberes.** Panorama desde el Torengebouw.

2. **Anvers.** Maison Rubens. Détail de la cour intérieure. — **Antwerpen.** Rubens huis. Detail van de patio. — **Antwerpen.** Rubenshaus. Teilansicht des Innenhofes — **Antwerp.** Rubens house. Detail of the inner court. — **Amberes.** Casa de Rubens Detalle del patio.

3. **Anvers.** Le château (Steen) (12e s.), actuellement Musée National de la Marine — **Antwerpen.** Steen (12de e.), thans Nationaal Scheepvaartmuseum. — **Antwerpen.** Steen (12. Jh.), jetzt Nationales Schiffahrtmuseum. — **Antwerp.** The castle (Steen) (12th c.), now the National Maritime Museum. — **Amberes.** Castillo (Steen) (s. 12), hoy día Museo Nacional de la Marina.

4. **Anvers.** Maisons sur la Grand-Place. — **Antwerpen.** Huizen aan de Grote Markt. — **Antwerpen.** Häuser am Grossen Markt. — **Antwerp.** Houses on the Market Place. — **Amberes.** Fachadas de la Plaza Mayor.

5. Anvers.
L'opéra et
l'Antwerp Tower.
— Antwerpen.
Opera en
Antwerp Tower.
— Antwerpen.
Oper und
Antwerp Tower.
— Antwerp.
Opera and Ant-
werp Tower. —
Amberes. Opera
y Antwerp Tower.

6. Turnhout. Le château des comtes (12e-16e s.). — Het Graven-
kasteel (12de-16de e.). — Die Grafenburg (12.-16. Jh.). — The counts'
castle (12th-16th c.). — Castillo de los condes (s. 12-16).

7. Lierre. Tour de l'église Saint-Gommaire (14e-15e s.). — **Lier.** Toren van de Sint-Gummaruskerk (14e-15de e.). — **Lier.** Turm der Gummaruskirche (14.-15. Jh.). — **Lier.** Tower of S. Gummarus church (14th-15th c.). — **Lier.** Torre de la iglesia de San Gummarus (s. 14-15).

8. Lierre. Escalier d'honneur de l'hôtel de ville (18e s.). — **Lier.** Eretrap van het stadhuis (18de e.). — **Lier.** Treppenhaus des Rathauses (18. Jh.). — **Lier.** Staircase in the city hall (18th c.). — **Lier.** Caja de escalera del Ayuntamiento (s. 18).

9. Lierre. Salle des échevins de l'hôtel de ville. — **Lier.** Schepenzaal van het stadhuis. — **Lier.** Ratsstube des Rathauses. — **Lier.** Aldermen's room in the city hall. — **Lier.** Sala de los concejales del ayuntamiento.

10. **Malines.** Maisons sur la Grand-Place. — **Mechelen.** Huizenrij aan de Grote Markt. — **Mechelen.** Häuser am Grossen Markt. — **Mechelen.** Houses on the Market Place. — **Malinas.** Fachadas de la Plaza Mayor.

11. **Herentals.** L'hôtel de ville (15e-16e s.). — Stadhuis (15de-16de e.). — Rathaus (15.-16. Jh.). — City hall (15th-16th c.). — Ayuntamiento (s. 15-16).

12. **Malines.** Cour intérieure du palais de ➡ Marguerite d'Autriche (16e s.). — **Mechelen.** Binnenhof van het paleis van Margereta van Oostenrijk (16de e.). — **Mechelen.** Innenhof des Palastes von Margarete von Österreich (16. Jh.). — **Mechelen.** Inner court, palace of Marguerite of Austria (16th c.). — **Malinas.** Patio del palacio de Margaríta de Austria (s. 16).

13. Paysage scaldien à Weert. — Scheldelandschap te Weert. — Scheldelandschaft bei Weert. — Landscape at Weert. — Paisaje en Weert.

14. Hoogstraten. Coin du béguinage. — Hoekje van het begijnhof. — Teilansicht des Beginenhofes. — In the beguinage. — En el beaterio.

15. Hoogstraten. Tour de l'église Sainte-Cathérine (16e s.). — Toren van de Sint-Katharinakerk (16de e.). — Turm der Katharinenkirche (16. Jh.). — Tower of St. Catherine church (16th c.). — Torre de la iglesia de Santa Catalina (s. 16).

16. Bruxelles. Panorama des environs de la Grand-Place. — **Brussel.** Panorama van de omgeving van de Grote Markt. — **Brüssel.** Panorama der Umgebung des Grossen Marktes. — **Brussels.** Panorama of the surroundings of the Grand Place. — **Bruselas.** Panorama de los alrededores de la Plaza Mayor.

17. **Bruxelles.** Détail de la façade latérale de l'aile gauche de l'hôtel de ville (commencée en 1402). — **Brussel.** Detail van de zijgevel van de linkervleugel van het stadhuis (begonnen in 1402). — **Brüssel.** Teilansicht der Fassade des linken Flügels des Rathauses (beg. 1402). — **Brussels.** City hall. Side façade of the left wing. Detail (commenced 1402). — **Bruselas.** Ayuntamiento. Fachada lateral del ala izquierda. Detalle (comenzada en 1402).

20. Bruxelles. Une scène de l'«Ommegang». — **Brussel.** Tafereel uit de «Ommegang». — **Brüssel.** Szene aus dem «Ommegang». — **Brussels.** Scene from the «Ommegang». — **Bruselas.** Paso del «Ommegang».

21. La forêt de Soignes. — Het Zoniënwoud. — Im Zonienwald. — In the forest of Soignes. — El bosque de Soignes.

22. Waterloo. La butte et le lion. — **Waterloo.** De heuvel en de leeuw. — **Waterloo.** Der Hügel und der Löwe. — **Waterloo.** Hill and lion. — **Waterloo.** El cerro y el león.

23. La pleine de Waterloo. — Landschap omheen Waterloo. — Landschaft in der Umgebung von Waterloo. — Landscape in the surroundings of Waterloo. — Paisaja en los alrededores de Waterloo.

24. Heilissem. L'ancienne abbaye. — De voormalige abdij. — Die ehemalige Abtei. — The former abbey. — La antigua abadía.

27. Louvain. Au béguinage. — **Leuven.** In het begijnhof. — **Löwen.** Im Beginenhof. — **Louvain.** In the beguinage. — **Lovaina.** En el beaterio.

28. Louvain. Façade latérale de l'hôtel de ville (15e s.). — **Leuven.** Zijgevel van het stadhuis (15de e.). — **Löwen.** Seitenfassade des Rathauses (15. Jh.). — **Louvain.** Side façade of the city hall (15th c.). — **Lovaina.** Fachada lateral del ayuntamiento (s. 15).

29. Léau. Perron de l'hôtel de ville (1537). — **Zoutleeuw.** Pui van het stadhuis (1537). — **Zoutleeuw.** Freitreppe des Rathauses (1537). — **Zoutleeuw.** The city hall's flight of steps (1537). — **Léau.** Escalinata del ayuntamiento (1537).

30. Aarschot. Détail du jubé de l'église Notre-Dame (1510-1525). — Detail van het doksaal van de O.L.Vrouwekerk (1510-1525). — Teilansicht des Lettners der Liebfrauenkirche (1510-1525). — Detail of the rood-screen in Our Lady's church (1510-1525). — Detalle del coro alto de la iglesia de Nuestra Señora (1510-1525).

31. Louvain-la-Neuve.

32. Villers-la-Ville. Ruines de l'église abbatiale (12e-13e s.). — Puinen van de abdijkerk (12de-13de e.). — Ruine der Abteikirche (12.-13. Jh.). — Ruins of the abbey church (12th-13th c.). — Ruinas de la iglesia abacial (s. 12-13).

33. Grimbergen. Coupole de l'église abbatiale. — Koepel van de abdijkerk. — Kuppel der Abteikirche. — Cupola of the abbey church. — Cúpula de la iglesia abacial.

34. **Tournai.** L'hôtel de ville (18e s.). — **Doornik.** Stadhuis (18de e.).
— **Tournai.** Rathaus (18. Jh.). — **Tournai.** The city hall (18th c.). —
Tournay. El ayuntamiento (s. 18).

36. Tournai. Intérieur de la cathédrale romane. — **Doornik.** Binnengezicht van de romaanse kathedraal. — **Tournai.** Innenansicht der romanischen Kathedrale. — **Tournai.** Interior of the romanesque cathedral. — **Tournay.** Interior de la catedral románica.

37. Mons. Le beffroi (17e s.). — **Bergen.** Het belfort (17de e.). — **Mons.** Der Bergfried (17. Jh.). — **Mons.** The belfry (17th c.). — **Mons.** La atalaya (s. 17).

38. Le château de **Chimay**. — Het kasteel van Chimay. — Schloss von Chimay. — Chimay Castle. — Castillo de Chimay.

39. Château de **Solré-sur-Sambre** (14e-16e s.). — Kasteel van Solré-sur-Sambre (14de-16de e.). — Schloss von Solré-sur-Sambre (14.-16. Jh.). — Solré-sur-Sambre Castle (14th.-16th. c.). — Castillo de Solré-sur-Sambre (s. 14-16).

40. **Aulne.** Ruines de l'église abbatiale (13e-16e s.). — Puinen van de
abdijkerk (13de-16de e.). — Ruine der Abteikirche (13.-16. Jh.). — Ruins
of the abbey church (13th-16th c.). — Ruinas de la iglesia abacial (s. 13-
16).

41. Ronquières. Le plan incliné. — Het hellend vlak. — Die schiefe Ebene. — The inclined level. — El plano inclinado.

42. Le château de Beloeil. — Kasteel van Beloeil. — Schloss von Beloeil. — Beloeil Castle. — Castillo de Beloeil.

43. Hainaut. Paysage. — Henegouwen. Landschap. — Hennegau. Landschaft. — Hainault. Landscape. — Henao. Paisaje.

44. Le Rœulx. Le château. — Kasteel van Le Rœulx. — Schloss von Le Rœulx. — Le Rœulx Castle. — Castillo de Le Rœulx.

45. **Hasselt.** L'hôtel de ville (18e s.). — Stadhuis (18de e.). — Rathaus (18. Jh.). — City hall (18th c.). — Ayuntamiento (s. 18)

46. **Hasselt.** Le béguinage (18e s.). — Begijnhof (18de e.). — Beginenhof (18. Jh.). — The beguinage (18th c.). — Beaterio (s. 18).

47. Bokrijk. (Genk). Musée en plein air.
— Openluchtmuseum. — Freiluftmuseum.
— Open air museum. — Museo al aire
libre.

48. Maaseik. Pharmacie-musée Van
Venckenray (19e s.). — Apotheek-museum
Van Venckenray (19de e.). — Apotheke
und Museum Van Venckenray (19. Jh.). —
Pharmacy-museum Van Venckenray (19th
c.). — Farmacia-museo Van Venckenray
(s. 19).

49. Rijkhoven. Commanderie des Vieux-Joncs. — Groot-Kommanderij Alde Biezen. — Kommandantur Alde Biezen. — Commandery Alde Biezen. — Comandancía Alde Biezen.

51. Bilzen. L'hôtel de ville (1685). — Stadhuis (1685). — Rathaus (1685). — City hall (1685). — Ayuntamiento (1685).

52. Borgloon. L'hôtel de ville (1668-1680). — Stadhuis (1668-1680). — Rathaus (1668-1680). — City hall (1668-1680). — Ayuntamiento (1668-1680).

53. Lommel. Le désert de sable. — Zandwoestijn te Lommel. — Sandwüste in Lommel. — Sand desert at Lommel. — El desierto de arena en Lommel.

54. Saint-Trond. L'hôtel de ville avec beffroi et l'église Notre-Dame. — **Sint-Truiden.** Stadhuis met belfort en O.L.Vrouwekerk. — **Sint-Truiden.** Rathaus mit Bergfried und Liebfrauenkirche. — **Sint-Truiden.** City hall with belfry and Our Lady's church. — **Sint-Truiden.** Ayuntamiento con atalaya y iglesia de Nuestra Señora.

55. Tongres. Détail des anciennes fortifications (13e-14e e.). — **Tongeren.** Detail van de middeleeuwse stadsomwalling (13de-14de e.). — **Tongeren.** Teilansicht der alten Befestigungen (13.-14. Jh.). — **Tongeren.** Detail of the ancient fortifications (13th-14th c.). — **Tongeren.** Detalle de las fortificaciones antiguas (s. 13-14).

56. **Liège.** La Meuse vue du pont Albert Ier. — **Luik.** De Maas, gezien vanaf de Albert I-brug. — **Lüttich.** Die Maas, von der Albertbrücke aus gesehen. — **Liège.** The Meuse, seen from the Albert bridge. — **Lieja.** El Mosa vista desde el Puento de Alberto I.

57. **Liège.** Galerie de la première cour du palais des princes-évêques (16e s.). — **Luik.** Bogengalerij van de eerste binnenkoer van het paleis der Prinsbisschoppen (16de e.). — **Lüttich.** Bogengang des ersten Innenhofes des Palastes der Fürstbischöfe (16. Jh.). — **Liège.** Gallery of the first court-yard of the palace of the Prince-Bishops (16th c.). — **Lieja.** Galeria del primer patio del palacio de los príncipes-obispos (s. 16).

58. Liège. Quai de Maastricht. Le musée d'armes et la maison Curtius. — **Luik.** Wapenmuseum en Curtiushuis. — **Lüttich.** Waffenmuseum und Curtiushaus. — **Liège.** Arms museum and Curtius house. — **Lieja.** El museo de armas y la casa Curtius.

61. Liège. La Place du Marché. — **Luik.** Marktplein. — **Lüttich.**
Marktplatz. — **Liège.** Market place. — **Lieja.** Plaza Mayor.

62. **Liège.** L'îlot archéologique Saint-Georges. — **Luik.** Archeologische zone «Saint-Georges». — **Lüttich.** Archäologische Zone «Saint-Georges». — **Liège.** Archeological zone «Saint-Georges». — **Lieja.** Zona arqueológica «Saint-Georges».

63. **Liège.** Détail des voûtes gothiques de l'église Saint-Jacques. — **Luik.** Detail van het gotische gewelf van de Sint-Jakobskerk. — **Lüttich.** Detail des gotischen Gewölbe der St. Jakobskirche. — **Liège.** Detail of the gothic vaults in St. Jacob's church. — **Lieja.** Detalle de las bóvedas góticas de la iglesia de Santiago.

64. Huy. L'église Notre-Dame. — Hoei. De O.L. Vrouwekerk. — Huy. Liebfrauenkirche. — Huy. Our Lady's church. — Huy. Iglesia de Nuestra Señora.

65. **Saint-Séverin-en-Condroz.** L'ancienne église abbatiale (12e s.).
— De voormalige abdijkerk (12de e.). — Ehemalige Abteikirche (12. Jh.).
— The former abbey church (12th c.). — La antigua iglesia abacial (s. 12).

67. Antheit. L'abbaye de Val-Notre-Dame (17e-18e s.). — De abdij van Val-Notre-Dame (17de-18de e.). — Die Abtei von Val-Notre-Dame (17.-18. Jh.). — Val-Notre-Dame abbey (17th-18th c.). — Abadía de Val-Notre-Dame (s. 17-18).

69. Malmédy. L'église abbatiale Saint-Quirin (18e s.). — Abdijkerk Sint-Quirinus (18de e.). — Abteikirche St Quirinus (18. Jh.). — Abbey church of St. Quirin (18th c.). — Iglesia abacial de San Quirino (s. 18).

68. Jalhay. Barrage et lac de la Gileppe. — Stuwdam en meer van de Gileppe. — Talsperre und See der Gileppe. — Dam and lake of the Gileppe. — Presa y lago de la Gileppe.

70. Spa. Les thermes (1867-1872). — Het badhuis (1867-1872). — Die Thermalbäder (1867-1872). — The thermal baths (1867-1872). — Las termas (1867-1872).

71. Stavelot. L'ancienne abbaye (18e s.). — De voormalige abdij
(18de e.). — Ehemalige Abtei (18. Jh.). — The former abbey (18th c.). —
La antigua abadía (s. 18).

72. Paysage ardennais, près de Reuland. — Ardens landschap nabij Reuland. — Landschaft in den Ardennen bei Reuland. — Landscape of the Ardennes near Reuland. — Paisaje de las Ardenas cerca de Reuland.

73. Arlon. Les fortifications. — **Aarlen** Vestingmuren. — **Arlon.** Stadtbefestigung — **Arlon.** The ancient foritifications. — Arlon. Las antiguas fortificaciones.

74. Arlon. L'église Saint-Donat. — **Aarlen.** De Sint-Donatiuskerk. — **Arlon.** St Donatiuskirche. — **Arlon.** S. Donatus' church. — **Arlon.** Iglesia de San Donato.

75. Saint-Hubert. Le fourneau Saint-Michel. — Smeltoven Saint-Michel. — Hochofen Saint-Michel. — The furnace Saint-Michel. — El horno Saint-Michel.

76. Montquintin. Le musée régional. — Streekmuseum. — Heimatmuseum. — Regional museum. — Museo regional.

77. Durbuy. La roche aux corbeaux. — De kraaienrots. — Der Krähenfelsen. — The crow rock. — La roca de los cuervos.

79. Bastogne. Colline du Mardasson. Monument commémoratif aux morts de l'armée américaine (1950). — Mardassonheuvel. Monument opgericht in herinnering aan de Amerikaanse gesneuvelden (1950). — Mardassonhügel. Kriegsdenkmal (1950). — Hill of the Mardasson. American war memorial (1950). — Cerro del Mardasson. Monumento conmemorativo a los caídos del ejército americano (1950).

78. Virton. Musée Gaumais. Taque de 1683. — Museum van de Gaum. Haardplaat van 1683. — Gaummuseum. Kaminplatte, 1683. — Gaumais museum. Fireback (1683). — Museo Gaumais. Trashoguero de 1683.

80. Durbuy. Le château (17e-19e s.). — Kasteel (17de-19de e.). — Schloss (17.-19. Jh.). — The castle (17th-19th c.). — El castillo (s. 17-19).

81. Durbuy. La maison espagnole (Halle aux blés) (16e s.). — Het Spaanse huis (Korenhalle) (16de e.). — Das spanische Haus (Kornhalle) (16. Jh.). — The Spanish house (Corn hall) (16th c.). — La casa española (Lonja del trigo) (s. 16).

82.. **Bouillon.** Le château-fort (11e-19e s.). — Het versterkte kasteel (11de-19de e.). — Die befestigte Burg (11.-19. Jh.). — The fortified castle (11th-19th c.). — El castillo fortificado (s. 11-19).

83. **Villers-devant-Orval.** Ruines de l'église abbatiale. — Puinen van de abdijkerk. — Ruine der Abteikirche. — Ruins of the abbey church. — Ruinas de la iglesia abacial.

84. **Virton.** Une chambre du musée Gaumais. — Een kamer van het museum van de Gaum. — Zimmer im Gaummuseum. — Room in the Gaumais museum. — Sala en el Museo Gaumais.

85. Malonne. Cour d'honneur de l'abbaye. — Erekoer van de abdij. —
Ehrenhof der Abtei. — Court of honour of the abbey. — Plaza de honor
de la abadía.

87. Namur. Panorama. — **Namen.** Panorama.

88. Paysage près de Namur. — Landschap in de omgeving van Namen. — Landschaft in der Nähe von Namur. — Landscape in the Namur area. — Paisaje en los alrededores de Namur.

89. **Dinant.** Le rocher Bayard. — De Bayardrots. — Der Bayard-Felsen. — The Bayard rock. — El peñón Bayard.

90. **Dinant.** Pont sur la Meuse, église collégiale et citadelle. — Maasbrug, collegiale O.L.Vrouwekerk en citadel. — Maasbrücke, Liebfrauenkirche und Zitadelle. — The Meuse bridge, Our Lady's church and citadel. — Puente sobre el Mosa, iglesia de Nuestra Señora y ciudadela.

91. Le château de **Franc-Waret**. — Kasteel van Franc-Waret. — Schloss Franc-Waret. — Franc-Waret castle. — Castillo de Franc-Waret.

92. Foy-Notre-Dame.

93. Foy-Notre-Dame. Intérieur de l'église Notre-Dame (17e s.). — Binnengezicht van de O.L.Vrouwekerk (17de e.). — Innenansicht der Liebfrauenkirche (17. Jh.). — Interior of Our Lady's church (17th c.). — Interior de la iglesia de Nuestra Señora (s. 17).

94. Celles. L'église Saint-Hadelin (vers 1035). — De Sint-Hadelinuskerk (ca. 1035). — St. Hadelinuskirche (um 1035). — St. Hadelin church (ab. 1035). — Iglesia de San Hadelin (cerca de 1035).

95. Les jardins d'**Annevoie**. — De tuinen van Annevoie. — Im Park von Annevoie. — The gardens at Annevoie. — Jardines de Annevoie.

96. **Celles.** Le château de Vêves. — Kasteel van Vêves. — Schloss Vêves. — Vêves castle. — Castillo de Vêves.

97. Walcourt. Eglise Saint-Martin. Détail du jubé (1531). — Sint-Martinuskerk. Detail van het doksaal (1531). — St. Martinuskirche. Detail des Lettners (1531). — St. Martin's church. Detail of the rood-screen (1531). — Iglesia de San Martín. Detalle del coro alto (1531).

98. Bruly-de-Pesche. Piscine du grand quartier général de Hitler. — Openluchtbassin in het hoofdkwartier van Hitler. — Wasserbassin im Hitlers Hauptquartier. — Swimming pool at Hitler's headquarters. — Piscina del gran cuartel general de Hitler.

99. **Han.** Détail des grottes. — Binnengezicht van de grotten. — Inneres der Grotten. — Interior of the caves. — Detalle de las cuevas.

100. **Gand.** Vue sur la place et la cathédrale Saint-Bavon. — **Gent.** Gezicht op het Sint-Baafsplein en de Sint-Baafskathedraal. — **Gent.** St. Bavoplatz und Kathedrale. — **Ghent.** View of St Bavon cathedral and St Bavon's place. — **Gante.** Vista sobre la plaza y la catedral de San Bavón.

03. Gand. Le donjon du château des comtes (12e s.). — **Gent.** Meestetoren van het gravensteen (12de e). — **Gent.** Wartturm der Grafenburg (12. Jh.). — **Ghent.** Donjon of the count's castle (12th c.). — **Gante.** Torreón del castillo de los condes (s. 12).

104. Gand. Détail de l'aile gothique de l'hôtel de ville. — **Gent.** Detail van het gotische gedeelte van het stadhuis. — **Gent.** Teilansicht der gotischen Fassade des Rathauses. — **Ghent.** Detail of the city hall's gothic façade. — **Gante.** Detalle del ala gótica del ayuntamiento.

105. Alost. L'hôtel de ville. — **Aalst.** Stadhuis. — **Aalst.** Rathaus. — **Aalst.** City hall. — **Alost.** Ayuntamiento.

106. Wachtebeke. Domaine provincial Puyenbroeck. — Provinciaal domein Puyenbroeck. — Domäne Puyenbroeck. — Domain Puyenbroeck. — Territorio provincial Puyenbroeck.

107. Overmere-Donk. Les étangs. — De vijvers. — Der See. — The ponds. — Los estanques.

08. Sint-Niklaas. Maisons anciennes sur la Grand-Place (17e s.). — Oude gevels op het marktplein (17de e.). — Alte Häuser am Markt (17. Jh.). — Ancient houses on the market place (17th c.). — Antiguas casas de la Plaza Mayor (s. 17).

111. Termonde. Le béguinage (17e s.). — Dendermonde. Begijnhof (17de e.). — Dendermonde. Beginenhof (17. Jh.). — Dendermonde. The beguinage (17th c.). — Dendermonde. El beaterio (s. 17).

114. Audenarde. Détail de la façade gothique de l'hôtel de ville. —
Oudenaarde. Detail van de gotische stadhuisgevel. — Oudenaarde.
Teilansicht der gotischen Fassade des Rathauses. — Oudenaarde.
Detail of the city hall's gothic façade. — Oudenaarde. Detalle de la
fachada gótica del ayuntamiento.

115. Ninove. Détail des stalles de l'église Notre-Dame (17e s.). — Detail van het koorgestoelte van de O.L.Vrouwekerk (17de e.). — Detail des Chorgestühls der Liebfrauenkirche (17. Jh.). — Detail of the choir-stalls in Our Lady's church (17th c.). — Detalle de los escaños de la iglesia de Nuestra Señora (s. 17).

116. Vlassenbroek.

117. Bruges. Panorama des environs de l'église Notre-Dame. —
Brugge. Panorama van de omgeving van de O.L.Vrouwekerk. —
Brügge. Panorama der Umgebung der Liebfrauenkirche. — Bruges.
Panorama of the surroundings , Our Lady's church. — Brujas. Pano-
rama de los alrededores de la iglesia de Nuestra Señora.

118. Dentellière brugeoise. — Brugse kantwerkster. — Spitzenklöpp-
lerin in Brügge. — Bruges lace-maker. — Encajera de Brujas.

120. Bruges. Grand-Place. — **Brugge.** De grote markt. — **Brügge.** Grosser Markt. — **Bruges.** Market place. — **Brujas.** Plaza Mayor.

121. Un des nombreux canaux de Bruges. — Een van Brugges talrijke reien. — Einer der zahlreichen Kanäle von Brügge. — One of Bruges numerous canals. — Uno de los numerosos canales de Brujas.

122. Damme. ➡ Panorama.

123. Lissewege.

124. Lissewege. La grange monumentale de l'ancienne abbaye de Ter Doest (13e s.). — Monumentale schuur van de voormalige abdij Ter Doest (13de e.). — Monumentale Scheune der ehemaligen Abtei Ter Doest (13. Jh.). — The monumental barn at the former Ter Doest abbey (13th c.). — La monumental granja de la antigua abadía de Ter Doest (s. 13).

125. Ypres. Le beffroi (13e s.). — Ieper. Belfort (13de e.). — Yper.
Bergfried (13. Jh.). — Ypres. The belfry (13th c.). — Ypres. La atalaya
(s. 13).

126. **Furnes.** Coin de la Grand-Place, beffroi (1628) et partie de l'église Sainte-Walburge. — **Veurne.** Hoekje van de Grote Markt, belfort (1628) en Sint-Walburgiskerk. — **Veurne.** Teil des Grossen Markts, Bergfried (1628) und Walburgiskirche. — **Veurne.** Corner of the Market Place, belfry (1628) and St. Walburgis church. — **Veurne.** Rincón de la Plaza Mayor, atalaya (1628) y iglesia de Santa Walburga.

127. Dixmude. Le béguinage. — **Diksmuide.** Begijnhof. — **Diksmuide.** Beginenhof. — **Diksmuide.** The beguinage. — **Diksmuide.** El beaterio.

130. Oostduinkerke. Pêcheurs de crevettes en mer. — Garnaalvissers in zee. — Krabbenfischer im Meer. — Shrimp fishermen at sea. — Pescadores de camarones en el mar.

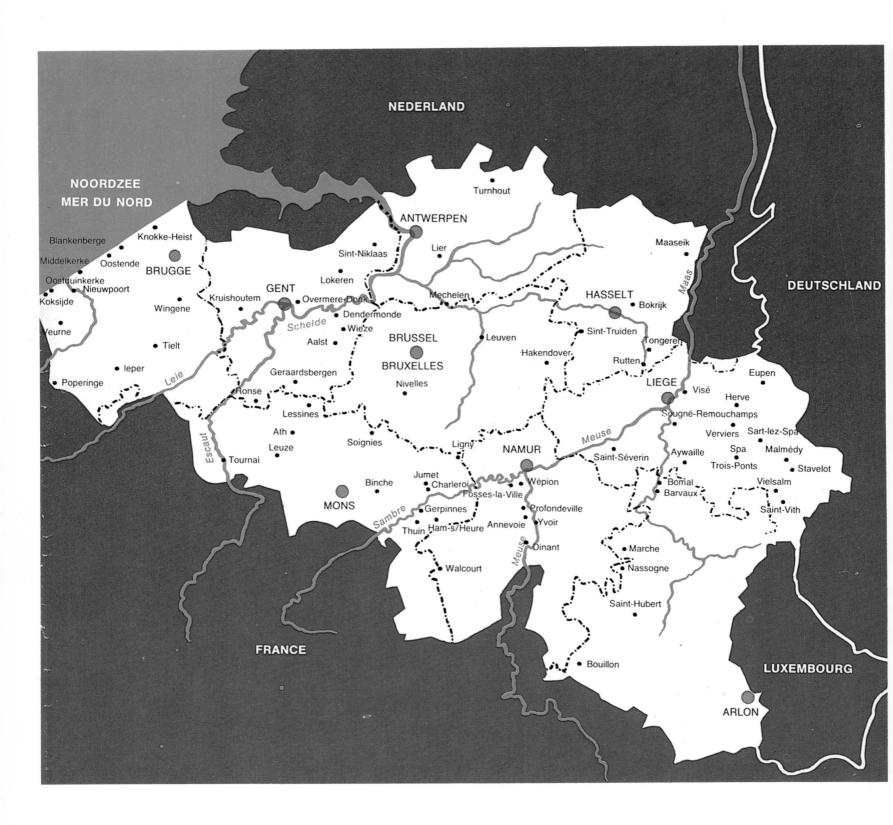

HISTOIRE CONCISE DE LA BELGIQUE

L'habitant actuel n'a plus que de lointaines relations avec le Belge décrit par Jules César. Les tribus décrites par César dans son livre «De Bello Gallico» comme les plus braves de tous les Gaullois, ont été écrasées par les Germains au 5e siècle.

LES TEMPS LES PLUS RECULES

Le territoire qui deviendra plus tard la Belgique, était déjà habité dans les temps reculés et des fouilles e.a. dans la Vallée de la Meuse ont révélé de nombreuses traces d'activité humaine (e.a. le squelette néanderthalien de Spy – 150.000 à 75.000 avant J.-C.).

Des dolmens et des menhirs du 5e et 3e millénaire (e.a. à Wéris) ont également été conservés.

Durant l'âge du Bronze et du Fer, du minerai était extrait dans les Ardennes.

A PARTIR DU 1er SIECLE

Les habitants du territoire qui deviendra plus tard la Belgique, étaient d'origine celtique et proche parents des Germains. Leurs mœurs et habitudes étaient néanmoins imprégnés de l'influence gauloise. Pour César ce ne fut guère plus qu'une excursion de s'imposer aux différentes tribus, manquant d'unité entre elles, et d'achever ainsi sa conquête de la Gaule.

Il ne lui en coûta cependant pas moins de 7 ans pour briser la résistance de ces tribus et des noms comme ceux de Boduognat et d'Ambiorix sont restés des symboles dans le combat pour la liberté dans l'histoire de nos régions.

Quatre siècles durant, nos régions restèrent sous la coupe de Rome, assez pour faire de ses habitants de parfaits Gallo-Romains. Les difficultés internes dans l'Empire romain à partir du 3e siècle, amenèrent un affaiblissement de la défense des frontières. Avec pour conséquence que, à partir de la seconde moitié du 3e siècle, des bandes de Francs purent impunément venir piller le nord de la Gaule.

Ce fut également le début de l'infiltration des Francs dans ces régions et le nord de la Belgique, au-delà de la voie romaine Bavay-Cologne, se peuplait progressivement d'envahisseurs germains.

DES ATTAQUES GERMAINES JUSQU'AU 9e SIECLE

Le 5e siècle fut fatal aux Romains. Des envahisseurs germains occupèrent tout l'ouest de l'Empire romain.

Le Franc Clovis commença sa conquête à Tournai et à sa mort le nouvel Empire franc s'étendait du Weser jusqu'aux Pyrénées. L'influence romaine fut pratiquement éliminée, mais aussi bizarre que cela ne paraisse, la romanisation de la Gaule resta pratiquement intacte.

Au courant du 6e siècle, l'Empire de Clovis fut divisé en Neustrie et Austrasie. La Belgique de l'est fut annexée à l'Austrasie et celle de l'ouest à la Neustrie.

Il en résultait que nos régions furent touchées par les guerres meurtrières entre les deux blocs.

Avec le 7e siècle apparaissent les Rois fainéants. Période de décadence, qui permit aux maires du palais de s'emparer du pouvoir et finalement de la couronne (la famille des Pépins, dont le plus important représentant Charlemagne – 771-814 – donna son nom à la dynastie carolingienne).

Charlemagne fut couronné empereur à Rome en l'an 800.

BEKNOPTE GESCHIEDENIS VAN BELGIE

Met de oorspronkelijke door Julius Caesar genoemde oerbevolking heeft de huidige bewoner nog weinig meer dan de naam gemeen. De volksstammen die Caesar in zijn «De Bello Gallico» de dappersten onder de Galliërs noemde werden tijdens de 5de eeuw door de Germanen onder de voet gelopen.

DE OUDSTE TIJDEN

Het grondgebied dat later België zou worden was reeds vroegtijdig bewoond, en opgravingen, o.m. in de Maasvallei hebben talrijke sporen van menselijke bedrijvigheid aan het licht gebracht (o.m. het neanderthalergeraamte van Spy, 150.000 tot 75.000 v.C.). Overigens zijn ook dolmens en menhirs uit het 5de tot het 3de millennium bewaard gebleven (o.m. te Wéris).

Tijdens de brons- en ijzertijd werd erts gedolven in de Ardennen.

VANAF DE 1ste EEUW

De bewoners van het grondgebied dat later België zou worden waren van Keltische oorsprong en vermengd met Germaanse elementen. Niettemin waren de zeden en gewoonten er sterk Gallisch getint.

Het leek Caesar dan ook niet veel meer dan een uitstap, om deze los van elkaar levende stammen de ene na de andere te onderwerpen en aldus zijn verovering van Gallië te voltooien. Niettemin deed hij er zeven lange jaren over om de weerstand van deze stammen te breken, en namen als die van een Boduognat en van een Ambiorix blijven symbolen van vrijheidsstrijders in de geschiedenis van onze gewesten.

Vier eeuwen lang bleven onze streken in de greep van Rome, lang genoeg om de bewoners ervan tot volwaardige Gallo-Romeinen te scholen.

De inwendige onrust binnen het Romeinse Rijk vanaf de derde eeuw, bracht ook een verzwakking mee van de grensverdediging. Met het gevolg dat, vanaf de tweede helft van de 3de eeuw, Frankische benden ongestraft Noord-Gallië konden plunderen. Meteen begon ook de infiltratie van Franken in deze gebieden en werd Noord-België, boven de grote Romeinse weg Bavay-Keulen, stilaan bevolkt door Germaanse invallers.

VAN DE GERMAANSE INVALLEN TOT DE 9de EEUW

De 5de eeuw werd de Romeinen noodlottig. Germaanse indringers overspoelden het gehele West-Romeinse Rijk. Vanuit Doornik begon de Frank Clovis zijn verovering van dit gebied en bij zijn dood strekte het nieuwe Frankische Rijk zich uit van de Weser tot de Pyreneeën. De Romeinse invloed werd practisch uitgeschakeld, maar eigenaardig genoeg bleef de romanisering van Gallië omzeggens onaangetast.

In de loop van de 6de eeuw werd het rijk van Clovis verdeeld in Austrasië en Neustrië. Oostelijk België werd ingelijfd bij Austrasië, westelijk België bij Neustrië. Dit wil zeggen dat onze gewesten nauw betrokken waren bij de moordende oorlogen tussen de machthebbers van de beide blokken.

Met de 7de eeuw verschijnen de zogeheten «vadsige koningen» op het toneel. Het was een periode van materieel verval, waartijdens de hofmeiers zich geleidelijk aan meester maakten van de macht en ten slotte van de kroon (de Pepijnfamilie, met als belangrijkste vertegenwoordiger Karel de Grote – 771-814 – die zijn naam gaf aan de Karolingische dynastie).

Avec lui l'empire connut une période d'épanouissement culturel extraordinaire, fondée sur les cultures chrétiennes et germaniques, alors que la structure économique restait celle du régime domanial, c.à.d. une économie fermée.

L'empire de Charlemagne, comme la renaissance culturelle dont il avait été l'instigateur, ne fut que de courte durée. Les invasions normandes et la discorde interne provoquèrent un morcellement du territoire. Puisque l'Escaut formait la frontière entre les régions de l'est et de l'ouest, une partie importante des deux Flandres passait à la France tandis que les territoires orientaux revinrent à l'Allemagne. Le Traité de Verdun fixa les frontières des états dont l'histoire connaîtra pendant plus de 1000 ans des péripéties tragiques et héroïques.

DU 9e AU 14e SIECLE

Si le 9e siècle fut témoin de la dissolution définitive de l'Empire carolingien et du morcellement des Pays-Bas, c'est au 10e et 11e siècles qu'apparurent les principautés féodales.

Le pouvoir d'état a pratiquement disparu et la noblesse devint de plus en plus centralisatrice. Pour la première fois, nous rencontrons ici l'esprit d'indépendance qui, des siècles plus tard, deviendra une réalité pour la Belgique.

Les 11e et 12e siècles sont témoins d'une révolution économique qui inonde toute l'Europe. La Flandre connaît un florissement singulier: des marchés annuels sont organisés et des villes sont fondées aux carrefours les plus importants des routes commerciales et des fleuves.

Des privilèges et des garanties économiques sont arrachés aux princes. La ville devient un état dans l'état et son pouvoir et sa richesse s'extériorisent dans de prestigieux édifices religieux et civils: églises, hôtels de ville, halles, beffrois. Le commerce du drap devient la première grande industrie et produit des articles de luxe qui sont exportés en Allemagne, en France, en Angleterre et même en Orient.

Une nouvelle classe sociale apparaît, celle des marchands, une classe nettement capitaliste, qui, bientôt, va prendre le pouvoir politique.

Cette caste exerce le contrôle sur le prolétariat des travailleurs manuels qui, soumis à un régime de bas salaires, dépend complètement d'elle. Cette situation est quelque peu modifiée à la fin du 13e siècle.

Les travailleurs exaspérés par le régime de contrainte des marchands s'unissent dans des gildes (ou hanses) pour se libérer du joug de la classe dirigeante. Celle-ci fait alors appel au roi de France, Philippe le Bel, qui envoie une armée en Flandre pour rétablir le pouvoir royal. La lutte entre les Klauwaarts (la classe des ouvriers) et les Leliaarts (la bourgeoisie francophile) se termine mal pour les Klauwaarts.

Mais ceux-ci se vengent lors des Matines brugeoises (mai 1302) et lors de la bataille des Eperons d'Or (juillet 1302), au cours de laquelle l'armée française subit une défaite écrasante. 1302 semble avoir été une année de lutte, non seulement politique, mais également sociale.

La lutte reprend pendant le guerre de Cent Ans. La Flandre est dirigée par le tribun gantois, Jacques Van Artevelde, partisan d'une politique de neutralité, contrairement au comte de Flandre qui veut secourir la France.

Une fois de plus, les autorités réalisent que seule est possible une politique nationale.

Le Brabant imite la Flandre et acquiert en 1356 une constitution fondamentalement démocratique.

Dans la principauté de Liège, la «Paix de Fexhe» (1316) garantit au peuple la protection contre toute mesure arbitraire du Prince-Evêque.

Pour toutes les provinces belges, le 14e siècle signifie donc la victoire des gildes et l'avènement d'une démocratie progressiste urbaine.

Karel de Grote werd tot keizer gekroond te Rome in het jaar 800. Met hem kende het rijk een ongemene culturele bloei op christelijke en Germaanse grondslag, terwijl de economische structuur deze bleef van het domaniale stelsel. Een gesloten economie dus.

Het rijk van Karel de Grote, evenals de culturele renaissance waarvan hij de instigator was, waren van kortstondige duur. Oorzaken hiervan waren de inwendige verdeeldheid en de invallen der Noormannen.

Vermits de Schelde de grens vormde tussen de oostelijke en de westelijke gebieden, verviel een groot deel van de beide Vlaanderen aan Frankrijk, terwijl de oostelijke gebieden bij Duitsland werden ingelijfd. Het Verdrag van Verdun legde de grenzen vast van staten, wier geschiedenis over meer dan duizend jaar een even tragisch als heroïsch verloop zou kennen.

VAN DE 9de tot de 14de EEUW

Was de 9de eeuw getuige van de definitieve ontbinding van het Karolingische rijk en van de versnippering van de Lage Landen, dan zien wij ook het ontstaan van de gewestelijke leenstaten een feit worden in de 10de en 11de eeuw. Het staatsgezag is practisch verdwenen en de adel treedt hoe langer hoe meer centraliserend op. Voor de eerste maal maken wij kennis met de drang naar zelfstandigheid die, eeuwen later, voor België werkelijkheid zal worden.

De 11de en 12de eeuw zijn ook getuige van een economische revolutie die geheel Europa overspoelde. Vlaanderen kent een ongemene opbloei: jaarmarkten worden georganiseerd en op de belangrijkste kruispunten van handelswegen en stromen worden steden gesticht. Privilegies en economische garanties worden afgedwongen van de prinsen. De stad wordt een staat in de staat, waarvan de macht en de rijkdom tot uiting komen in prestigieuze burgerlijke en religieuze gebouwen: kerken, stadhuizen, hallen en belforten. De lakenhandel wordt de eerste grote industrie en produceert luxeartikelen die worden uitgevoerd naar Duitsland, Frankrijk, Engeland en zelfs naar het Oosten.

Een nieuwe bevolkingsklasse ontstaat, deze van de kooplui, een uitgesproken kapitalistische klasse die weldra een politiek monopolie in aanspraak neemt. Deze kaste oefent controle uit op het proletariaat van handarbeiders dat, onderworpen aan een regime van lage lonen, volledig van haar afhankelijk is. Hierin komt enige verandering tegen het eind van de 13de eeuw.

De dwangpolitiek van de kooplui beu, organiseren de arbeiders zich in gilden die het juk van de heersende klasse willen afschudden. Deze laatste doet beroep op de Franse koning Filips de Schone, die, besloten de koninklijke macht te herstellen, een leger naar Vlaanderen zendt. De strijd tussen Klauwaarts (arbeidersklasse) en Leliaarts (Fransgezinde burgerij) valt uit in het nadeel van de Klauwaarts. Maar deze wreken zich tijdens de beruchte Brugse Metten (mei 1302) en vervolgens met de Slag der Gulden Sporen (juli 1302), waarbij het Franse leger vernietigend wordt verslagen.

1302 blijkt niet alleen een politieke, maar ook een sociale strijd te zijn geweest.

Opnieuw laait de strijd op tijdens de honderdjarige oorlog. Vlaanderen wordt geleid door de Gentse tribuun, Jakob van Artevelde, partijganger van een neutraliteitspolitiek, dit tegen de wil in van de Graaf van Vlaanderen, die Frankrijk te hulp wil snellen. Voor de zoveelste maal wordt het de heersers duidelijk, dat slechts een politiek, gevoerd op het nationale vlak van de onderdanen, de enig mogelijke is.

Brabant volgt Vlaanderen op de voet en verwerft in 1356 een regelrechte democratische grondwet.

In het prinsbisdom Luik garandeert de «Vrede van Fesche» (1316) de onderdanen bescherming tegen elk onregelmatig optreden van de prinsbisschop. Voor alle Belgische provinciën betekent de 14de eeuw dus de overwinning van de gilden en de opkomst van een progressistische stadsdemocratie. Deze gang van zaken zou dan kunnen gezien

Cette évolution peut donc être vue comme une sorte de prélude à la vie politique et sociale de la Belgique actuelle.

Il ne manquait à nos communes que de véritables et talentueux politiciens et meneurs pour faire de ce pays un état à part entière et ordonné, comme celui-ci fut créé au début des temps modernes.

LE SIECLE DES BOURGUIGNONS

La stabilisation tant espérée fut finalement réalisée par les Ducs de Bourgogne. Par le mariage de Marguerite de Flandre, fille de Louis de Maele, comte de Flandre, avec Philippe le Hardi, duc de Bourgogne, la maison de Bourgogne s'attache la Flandre et l'Artois.

Grâce à une politique matrimoniale habile les ducs de Bourgogne posèrent le fondement de l'Etat bourguignon des 17 provinces, dans lequel toutes les régions de la Belgique actuelle étaient rassemblées. Unique dans l'histoire est le fait que, sous le règne des Bourguignons, les régions belges connurent une période de prospérité extraordinaire, qui était non seulement bénéfique sur le plan économique, mais qui avait également ses répercussions sur l'évolution culturelle et artistique des Pays-Bas. Le siècle des Bourguignons fut aussi celui des Primitifs Flamands; églises, hôtels de ville, beffrois, halles et couvents furent construits: une explosion culturelle indomptable qui se prolongera jusqu'au 17e siècle.

LES HABSBOURGS D'ESPAGNE

La période bourguignonne ne devait hélas pas durer longtemps. Avec la mort de Charles le Téméraire, fils de Philippe, en 1477, le territoire bourguignon passa aux mains des Habsbourg par mariage.

Maximilien d'Autriche, époux de Marie de Bourgogne, fille de Charles le Téméraire, se vit forcée de reprendre la lutte contre les villes. Mais ni lui, ni son fils Philippe le Bel, ne se préoccupèrent guère des régions bourguignonnes, qui ne représentaient plus qu'une importance marginale dans le jeu politique des Habsbourg espagnols. Cette situation changea quelque peu sous le règne de Charles Quint (1515-1555).

Né à Gand et connaissant le Flamand, il fut très populaire dans nos régions. Il avait le goût bourguignon du faste. Charles Quint réunit les 17 provinces des Pays-Bas et leur donna le statut d'Etat indépendant et souverain en 1548, par la Transaction d'Augsbourg. Ensuite, en 1549, il déclare ces régions indivisibles par la Pragmatique Sanction d'Augsbourg. Bruxelles devint la capitale de ce nouvel état, doté d'un gouvernement central, d'un Conseil d'Etat et d'un Conseil Privé et de Finances, avec un pouvoir législatif et exécutif.

Le 16e siècle et la renaissance apportèrent à nos régions un essor économique et culturel incomparable. Le siècle d'Erasme, de Bosch, de Bruegel, de Vésale et de Mercator, fut également le siècle des peintres, des sculpteurs et des architectes.

Mais la prospérité avait aussi son revers: la masse des travailleurs manuels et des paysans vivaient dans des conditions misérables. Le mécontentement des classes défavorisées et les troubles religieux, causés par l'apparition du protestantisme, provoquaient des mouvements de masse que même un homme d'état aussi habile que Charles Quint ne pouvait maîtriser.

En 1555 il abdiqua en faveur de son fils Philippe. Ce monarque absolu, régnant depuis Madrid, ne comprit jamais les véritables aspirations de nos provinces. Il instaura l'Inquisition contre la vague montante du protestantisme. La discorde entre les catholiques (surtout la noblesse, la bourgeoisie aisée et les paysans) et les protestants (mains-d'œuvre et intellectuels) provoqua le déclenchement de la guerre civile de 1567.

Philippe II envoya le duc d'Albe à la tête d'une armée et porteur de pleins pouvoirs, pour réprimer la révolte. De nombreux protestants émigrèrent. Les Pays-Bas devinrent le théâtre de la terreur, de l'échafaud et du bûcher. Un système fiscal durable fut introduit, mais la

worden als een soort voorspel op het politieke en sociale leven van het hedendaagse België. Alleen ontbrak het onze gemeenten aan echte, getalenteerde politici en leiders, om het land uit te bouwen tot een volwaardige ordevolle staat, zoals deze bij het begin van de moderne tijden tot ontstaan kwam.

DE EEUW DER BOURGONDIERS

De zolang verhoopte stabilisatie werd ten slotte verwezenlijkt door de hertogen van Bourgondië. Door het huwelijk van Margareta van Vlaanderen, dochter van Lodewijk van Male, graaf van Vlaanderen, met Filips de Stoute, hertog van Bourgondië, vervielen Vlaanderen en Artois aan het Bourgondische huis. Dank zij een goedgerichte huwelijkspolitiek, legden de Bourgondische hertogen de grondslag van het Groot-Bourdongische rijk, waarin alle gewesten van het hedendaagse België waren opgenomen.

Uniek in de geschiedenis is de ongemeen intense bloei die de Belgische gewesten beleefden ten tijde van de Bourgondiërs, een bloeiperiode die niet alleen economisch gunstig was, maar die ook haar weerslag had op de culturele en artistieke evolutie van de Lage Landen. De eeuw der Bourgondiërs was ook deze van de zogenaamde Vlaamse Primitieven; kerken, stadhuizen, belforten, hallen en kloosters rezen uit de grond: een niet te stuiten cultuurexplosie die zou voortduren tot ver in de 17de eeuw.

DE SPAANSE HABSBURGERS

Helaas was de Bourgondische periode geen lang leven beschoren. Met de dood van Filips' zoon, Karel de Stoute in 1477, kwam het Bourgondische rijk, door huwelijk, in handen van de Habsburgers.

Maximiliaan van Oosterijk, echtgenoot van Maria van Bourgondië, dochter van Karel de Stoute, zag zich genoodzaakt de strijd tegen de steden te hervatten. Maar noch hij, noch zijn zoon Filips de Schone, bekommerden zich zeer om de Bourgondische gewesten, die een soort randgebied werden binnen het politiek bestek van de Spaanse Habsburgers.

Hierin komt enige verandering met de nieuwe vorst, Karel V, bij ons beter bekend als Keizer Karel (1515-1555). Te Gent geboren, de Vlaamse taal machtig, is hij ten onzent een zeer populair vorst, begiftigd met de zin voor praal en pracht van de Bourgondiërs. Karel V verenigde de 17 provinciën van de Lage Landen en verleende hen in 1548, door het «Tractaat van Augsburg» de rang van Onafhankelijke en Souvereine Staat. Door de «Pragmatieke Sanctie van Augsburg» (1549) werden deze gebieden onafscheidelijk met elkaar verbonden. Brussel werd de hoofdstad van de nieuwe staat, die een centraal gouvernement, een Raad van Staten, een Financiën- en een Privéraad kreeg, met wetgevende en uitvoerende macht.

De 16de eeuw en de Renaissance brachten onze gewesten een nooit eerder geziene economische en culturele bloei. De eeuw van Erasmus, van Bosch en Bruegel, van Vesalius en Mercator, was er een van schilders, beeldhouwers en architecten. Maar de welvaart had ook een keerzijde, want nog steeds leefde de grote massa van handwerkers en boeren in erbarmelijke omstandigheden. De mistevredenheid van de lagere standen, samen met de heersende godsdiensttroebelen, veroorzaakt door de opkomst van het protestantisme, lagen aan de basis van werkelijke volksbewegingen, waartegen zelfs een gewiekst staatsman als Karel V niet was opgewassen.

In 1555 deed hij afstand van de troon, ten voordele van zijn zoon Filips. Deze absolute monarch, regerend vanuit Madrid, heeft nooit de echte verzuchtigen van onze provinciën begrepen. Tegenover het opkomende protestantisme vestigde hij de inquisitie. De tweedracht tussen de katholieken (hoofdzakelijk de adel, de gegoede burgerij en de boeren) en de protestanten (handarbeiders en intellectuelen) leidde tot de burgeroorlog van 1567.

Filips II stuurde Alva, aan het hoofd van een leger en drager van volmachten, om de opstand te onderdrukken. Vele protestanten weken

révolte empira. Les Espagnols, dans l'impossibilité de maintenir ce régime, amandèrent leur politique. La scission entre le Nord protestant (les actuels Pays-Bas) et le Sud catholique, fut réalisée par Alexandre Farnèse, un diplomate subtil et stratège accompli. Mais l'essor culturel et économique du Sud était brisé.

Tandis que les Pays-Bas connurent une nouvelle prospérité, ce fut le marasme dans les provinces belges. Bon nombre d'intellectuels et de marchands émigrèrent en Allemagne et aux Pays-Bas et y contribuèrent à la réalisation du «siècle d'or».

LE 17e SIECLE

Sous les archiducs Albert et Isabelle, fille de Philippe II, nos régions regagnèrent une certaine apparence d'indépendance. Mais le 17e siècle fut un siècle de malheur. Après la mort des archiducs, l'Espagne entraîna nos régions dans toutes ses guerres. Notre pays devint le champ de bataille de toute l'Europe. L'Escaut fut fermé. La Flandre zélandaise, le Brabant septentrional et les territoires outre-Meuse furent définitivement perdus. La Flandre francophone, ainsi que le Nord du Hainaut furent annexés à la France.

Le 17e siècle laissa une Belgique appauvrie et anémiée.

Mais la force vitale de nos provinces s'exprima dans l'essor exceptionnel de sa peinture qui produisit des génies d'une réputation mondiale: Rubens, Jordaans, Van Dyck ainsi que dans une activité étonnante sur le plan architectural.

LA PERIODE AUTRICHIENNE

Telle était la situation de nos provinces lorsqu'elles passèrent sous la domination des Habsbourg autrichiens, qui mirent tout en œuvre pour sortir le pays de son marasme économique.

Le gouverneur général, Charles de Lorraine, représentant de Marie-Thérèse, fit tout ce qui était en son pouvoir pour insuffler une nouvelle vie tant à l'économie qu'aux arts et à la science. Hélas, les efforts de Joseph II et toutes ses réformes, ne plurent pas aux Belges. En 1789 la révolution brabançonne éclata. Ce premier essai afin de fonder une Belgique indépendante fut de courte durée.

LA DOMINATION FRANÇAISE (1795-1815)

En 1793, les Autrichiens furent vaincus par les Français près de Jemappes. Ils reconquirent la Belgique encore au cours de la même année, mais en furent déssaisis dans la bataille de Fleurus en 1794. La Belgique fut annexée à la France en 1795, ce qui mit fin à l'autonomie provinciale et au système féodal. En 1797 la conscription fut instaurée et en 1798 la religion catholique interdite. Ceci donna lieu à de nouveaux troubles (la guerre des paysans). Avec Napoléon le pays connut pour une courte période le repos et l'ordre. Il favorisa le redressement économique, restaura la liberté de culte et réouvrit l'Escaut.

L'instauration de l'empire diminua cependant la popularité de Napoléon. Aussi sa chute fut-elle ressentie comme une libération.

LE REGIME HOLLANDAIS

Le Traité des Barrières unit à nouveau la Belgique et la Hollande avec Guillaume Ier comme Roi des Pays-Bas réunis.

Cette fusion avec la Hollande fut un succès économique pour la Belgique. Hélas, si Guillaume Ier était un travailleur acharné, il n'était pas diplomate.

uit. De Lage Landen werden het toneel van terreur, schavot en brandstapel. Een duurzaam belastingstelsel werd ingevoerd. Maar de invloed was niet te stuiten. De Spanjaarden, in de onmogelijkheid dit regime te houden, laat staan door te voeren, verzachtten hun politiek. Alexander Farnese, subtiel diplomaat en veldheer bracht de scheiding tot stand tussen het protestantse Noorden (thans Nederland) en het katholieke Zuiden. Maar zowel de culturele als de economische opgang van het Zuiden was gebroken. Terwijl Nederland een nieuwe bloei tegemoet ging, waren de Belgische procincies in volledig verval. Vele intellectuelen en kooplui weken uit naar Duitsland en Holland en werden in laatstgenoemd land de medebewerkers van Hollands 17de «Gulden» eeuw.

DE 17de EEUW

Met de komst van de aartshertogen Albrecht en Isabella (dochter van Filips II), verkregen onze gewesten opnieuw een zekere schijn van onafhankelijkheid terug. Maar de 17de eeuw was er een van rampspoed. Na de dood van de aartshertogen, sleurde Spanje onze provincies mee in de ondergang. Ons land werd gepromoveerd tot slagveld van Europa. De Schelde werd gesloten. Zeeuws-Vlaanderen, Noord-Brabant en de gebieden over de Maas gingen definitief verloren. Frans-Vlaanderen, evenals het Noorden van Henegouwen werden ingelijfd bij Frankrijk.

De 17de eeuw liet een uitgebloed, verarmd België achter zich. Maar hoe sterk de levensdrang onzer provincies was, blijkt uit de ongewone bloei van haar schilderkunst die geniën naar voren bracht met wereldfaam: Rubens, Jordaans, Van Dyck, en die op architecturaal vlak een even ongewone bedrijvigheid aan de dag legde.

DE OOSTENRIJKSE PERIODE

Dat was de toestand onzer provincies, toen ze in het bezit kwamen van de Oostenrijkse Habsburgers, die alles in het werk stelden om het land er economisch bovenop te helpen. Landvoogd Karel van Lorreien, vertegenwoordiger van Maria Theresia, deed wat in zijn macht lag, om zowel de economie als de kunsten en wetenschappen nieuw leven in te blazen. Helaas vielen de bemoeizucht van Jozef II en de door hem gevoerde hervormingen niet in de smaak van de Belgen. In 1789 brak de Brabantse revolutie uit. Deze eerste poging om een onafhankelijk België te stichten was echter van korte duur.

DE FRANSE OVERHEERSING (1795-1815)

In 1793 werden de Oostenrijkers door de Fransen verslagen bij Jemappes. Ze heroverden België nog in de loop van hetzelfde jaar, maar verloren het in de slag bij Fleurus (1794). België werd ingelijfd bij Frankrijk in 1795. Hiermede kwam een eind aan de provinciale autonomie en aan het feodale stelsel. In 1797 werd de conscriptie uitgevaardigd en in 1798 werd de katholieke godsdienst verboden. Dit gaf aanleiding tot nieuwe onlusten (Boerenkrijg).

Met Napoleon kwamen voor korte tijd enige rust en orde over het land. Hij bevorderde het economische herstel, vaardigde de godsdienstvrede uit en heropende de Schelde.

De instelling van het keizerrijk echter verminderde Napoleons populariteit. De ineenstorting van het keizerrijk (1814) werd dan ook aangevoeld als een bevrijding.

HET HOLLANDS BEWIND

Door het Barrièretractaat werd België opnieuw verenigd met Holland, met Willem I als Koning der Verenigde Nederlanden. Deze samensmelting met Holland werd voor België een economisch succes. Helaas, was Willem I wel een harde werker, maar geen diplomaat. De katholieken kwamen in verzet tegen de laïciserende politiek van

Les catholiques s'opposèrent à la politique laïcisante du prince d'Orange, la bourgeoisie francisée à la néerlandisation de la vie publique. De plus, le chômage empirait.

Sous l'influence de la révolution parisienne de juillet en 1830, le soulèvement général éclata.

Les troupes néerlandaises furent chassées de Bruxelles le 27 septembre 1830 et en octobre de la même année, la Belgique s'était libérée de toutes les troupes étrangères.

Encore en septembre 1830, un gouvernement provisoire fut instauré et en 1831 Léopold de Saxe-Cobourg accepta la direction du jeune état.

LE ROYAUME BELGE

Sous le nom de Léopold I, il prêta serment sur la constitution le 21 juillet 1831, ce qui faisait de la Belgique une monarchie héréditaire et constitutionnelle.

A partir de ce moment, notre pays prit une place modeste mais digne parmi les grandes nations européennes.

Economiquement, la Belgique ne faisait pas mauvaise figure. En 1908, la Belgique recevait en héritage le Congo, création et propriété de Léopold II.

En 1914, sous le règne du troisième roi des Belges, Albert Ier, notre pays fut — malgré la politique de neutralité menée par le roi — envahi par les armées allemandes.

Le Traité de Versailles, conclu en 1919, exerça une grande influence sur le statut international de l'Etat belge.

La Belgique obtint les cantons de l'Est, Eupen et Malmédy et reçut le protectorat sur la colonie antérieurement allemande, Ruanda/Urundi.

Le droit de vote universel fut instauré en 1919 et le droit de vote pour les femmes en 1921.

Les années vingt virent le développement du parti socialiste, à côté des partis libéraux traditionnels.

En 1934, le roi Albert mourut tragiquement et son fils Léopold III lui succéda. Mais le règne de ce souverain aussi connut des moments dramatiques: la mort tragique de son épouse, la reine Astrid, en 1935, et la deuxième guerre mondiale.

Tout comme son père Albert Ier, Léopold III était un partisan convaincu de la politique radicale de neutralité. Néanmoins, en mai 1940, notre pays fut envahi pour la deuxième fois par les armées allemandes.

A la fin de la guerre, Léopold III abdiqua en faveur de son fils qui, depuis, règne sur le pays sous le nom de Baudouin Ier.

HET KONINKRIJK BELGIE

Onder de naam van Leopold I legde deze op 21 juli 1831 de eed af op de grondwet, die België tot een grondwettelijke, erfelijke monarchie maakte. Op dat ogenblik nam ons land een bescheiden, maar toch fatsoenlijke plaats in onder de Europese grootmachten. Economisch sloeg België geen slecht figuur. In 1908 erfde België bovendien de Congo, voordien een creatie en het eigendom van koning Leopold II, de tweede Belgische koning.

In 1914, tijdens de regering van België's derde koning, Albert I, werd ons land — spijts de door de koning gevoerde neutraliteitspolitiek — door de Duitse legers overrompeld.

Het in 1919 gesloten «Verdrag van Versailles» oefende een grote invloed uit op het internationale statuut van de Belgische staat. België verwierf de oostkantons Eupen en Malmedy en verkreeg het protectoraat over de voormalige Duitse kolonie Ruanda/Urundi. Het universeel stemrecht werd ingevoerd in 1919 en het vrouwenstemrecht in 1921.

De twintigerjaren zagen, naast de traditionele liberale partijen ook de uitbouw van de socialistische partij.

In 1934 kwam koning Albert I tragisch om het leven en werd hij opgevolgd door zijn zoon Leopold III.

Maar ook de regering van deze vorst kende dramatische momenten: de tragische dood van zijn echtgenote, koningin Astrid, in 1935 en de tweede wereldoorlog.

Evenals zijn vader Albert I, was Leopold III een overtuigd voorstander van de radikale neutraliteitspolitiek. Niettemin werd het land, in mei 1940, voor de tweede maal door de Duitse legers onder de voet gelopen.

Na het beëindigen van de oorlog deed Leopold afstand van de troon ten voordele van zijn zoon die thans het land regeert onder de naam van Boudewijn I.

LES ARTS

Il n'entre pas dans nos intentions d'être complet, mais bien d'esquisser les grandes lignes de l'évolution des trois branches de l'art: l'architecture, la sculpture et la peinture. Cet aperçu ne peut pas reprendre non plus les noms de tous les artistes et architectes importants.

Pour ceux qui voudraient en apprendre davantage, nous renvoyons aux ouvrages plus spécialisés ou aux guides détaillés des villes ou de voyage.

L'ARCHITECTURE

La Belgique est, comparée à d'autres pays européens, riche en créations architecturales.

Cela ne peut pas être dit des premiers siècles; ainsi p. ex. n'a-t-on trouvé que peu de restes de constructions romaines e.a. à Namur et à Tongres.

De même il ne nous reste pas grand-chose de la période pré-romane: des ruines d'une basilique à colonnes à Tongres et des restes intéressants à Nivelles et ailleurs.

La plus ancienne église encore existante, l'église Saint-Ursmar à Lobbes date du 9e siècle.

Beaucoup plus intéressants sont les édifices civils et religieux de la période romane. Des différences marquées se faisaient jour entre la région de l'Escaut et celle de la Meuse, sous l'influence de la situation politique. Dans la région de la Meuse, les églises romanes sont nombreuses. Au point de vue architectural, elles appartiennent au style rhénan: avant-corps monumental à l'ouest, chœur occidental, transept rectangulaire avec piliers carrés.

Il en existe encore des exemples: l'église Sainte-Gertrude à Nivelles (11e siècle) et l'église Saint-Barthélemy à Liège (11e siècle).

Des églises plus petites de cette époque, souvent bien conservées, sont par exemple l'église Saint-Gangulphe, remarquablement restaurée, de même que l'église Saint-Pierre à Saint-Trond (12e siècle), les églises paroissiales de Bertem, Borgloon, Celles, Orp-le-Grand (12e siècle) e.a....

Le style scaldien montre des différences évidentes, du moins pour ce qui concerne les plus grandes églises: tour solide à la croisée du transept, absence d'avant-corps à l'ouest, tribunes au-dessus des nefs latérales.

De beaux exemples en sont: l'église Saint-Vincent à Soignies (10e-13e siècle) et la cathédrale de Tournai (12e-13e siècle).

Les églises plus petites sont moins nombreuses que dans la région mosane. On en trouve cependant des restes, ci et là, dans des églises transformées ultérieurement.

Des exemples splendides d'architecture civile et militaire sont: le Château des Comtes à Gand (12e siècle) et le Château de Bouillon (11e-19e siècle).

Le gothique, coïncidant aux Pays-Bas avec un essor économique surprenant, a couvert la Belgique d'un véritable réseau de constructions civiles et religieuses remarquables.

Il en est resté relativement peu du début de la période gothique. Les nombreuses abbayes et églises cisterciennes ont été détruites ou démantelées dans les siècles ultérieurs (Orval, Aulne, Les Dunes, etc.).

Par contre de nombreuses églises, plus grandes, du 13e siècle sont conservées e.a. à Gand, Damme, Furnes, Lissewege, Ypres, Audenarde, Bruges et Courtrai.

DE KUNSTEN

Het is niet het opzet volledig te zijn, wel de grote evolutielijnen van de drie grote kunsttakken: de architectuur, de beeldhouwkunst en de schilderkunst te schetsen.

Evenmin kunnen alle belangrijke namen van kunstenaars en architecten in dit overzicht worden opgenomen.

Voor wie hierover meer wil vernemen, verwijzen we gaarne naar meer gespecialiseerde werken of naar gedetailleerde stads- of reisgidsen.

DE ARCHITECTUUR

België is, vergeleken bij andere Europese landen, rijk aan architecturale scheppingen.

Dat kan nu precies niet gezegd worden van de eerste eeuwen; zo bv. werden slechts weinig Romeinse bouwresten gevonden, o.m. te Namen en te Tongeren.

Ook uit de vóór-romaanse periode bezitten we nog slechts weinig: resten van een zuilenbasiliek te Tongeren, interessante overblijfselen te Nijvel en elders.

De oudste nog bestaande kerk, de Sint-Ursmaruskerk te Lobbes, dagtekent uit de 9de eeuw.

Heel wat boeiender zijn de burgerlijke en religieuze gebouwen uit de romaanse periode. Onder invloed van de politieke situatie, kwamen duidelijke verschillen tot uiting tussen de Schelde- en de Maasstreek. Talrijk zijn de romaanse kerken in dit laatste gebied. Architecturaal sluiten ze aan bij de Rijnlandse bouwstijl: monumentale westbouw, rechthoekige afsluiting van oostkoor en transept, vierkante pijlers. Nog bestaande voorbeelden zijn: de Sint-Gertrudiskerk te Nijvel (11de eeuw) en de Sint-Bartholomeuskerk te Luik (11de eeuw).

Kleinere, vaak goed bewaarde kerken uit deze tijd zijn bv. de merkwaardig goed gerestaureerde Sint-Gangulfuskerk, evenals de Sint-Pieterskerk te Sint-Truiden (12de eeuw), de parochiekerken van Bertem, Borgloon, Celles, Orp-le-Grand (12de eeuw), e.a.

De Scheldestijl vertoont duidelijke verschillen, tenminste voor wat de grotere kerken betreft: zware vieringstoren, het ontbreken van de Westbouw, tribunes boven de zijbeuken. Mooie voorbeelden ervan zijn: de Sint-Vincentiuskerk te Zinnik (10de-13de eeuw) en de kathedraal van Doornik (12de-13de de eeuw).

Minder talrijk dan in de Maasstreek zijn de kleinere kerken. Wel vindt men hier en daar overblijfselen ervan in later verbouwde kerken.

Prachtige voorbeelden van burgerlijke en militaire bouwkunst zijn: het Gravensteen te Gent (12de eeuw) en het kasteel van Bouillon (11de-16de eeuw).

De gotiek, in de Lage Landen samenvallend met een verrassende economische opbloei, heeft België overdekt met een waar net van merkwaardige burgelijke en religieuze gebouwen. Relatief weinig is bewaard gebleven uit de vroeg-gotische periode. De talrijke cisterciënserabdijen en -kerken werden in latere eeuwen verwoest of ontmanteld (Orval, Aulne, Ter Duinen enz.).

Daarentegen zijn talrijke grotere kerken uit de 13de eeuw bewaard gebleven, o.m. te Gent, Damme, Veurne, Lissewege, Ieper, Oudenaarde, Brugge en Kortrijk.

De eeuw der Bourgondiërs is ook deze geweest van de Brabantse gotiek en van de grote kathedralen: Sint-Rombouts te Mechelen (koor), Sint-Michiels te Brussel, O.-L.-Vrouw te Antwerpen, Sint-Pieters te Leuven.

Le siècle des Bourguignons a été également celui du gothique braban-çon et des grandes cathédrales: Saint-Rombaut à Malines (chœur), Saint-Michel à Bruxelles, Notre-Dame à Anvers, Saint-Pierre à Lou-vain.

Significatif du gothique flamboyant brabançon est la tour ouest élan-cée, le chœur garni de chapelles rayonnantes, le manque des lourds murs de refend, remplacés par des arcades légères, des triforiums et de grandes fenêtres. Le gothique flamboyant mosan se retrouve e. a. dans l'église Notre-Dame à Huy, et dans l'Eglise Saint-Quentin à Hasselt, toutes les deux du 14e siècle. Un bel exemple de gothique tar-dif est l'église Sainte-Waudru à Mons (15e-17e siècle).

L'architecture civile gothique est typique de nos régions et donna naissance à des halles, des beffrois et des hôtels de ville comme par exemple les beffrois de Tournai (13e siècle) et Gand (13 siècle), les halles de Ypres (13e-14e siècle), Bruges (13e siècle), Malines (14e siè-cle); les hôtels de ville de Bruges (14e-15e siècle), Bruxelles (15e siècle) et Louvain (15e siècle); de nombreuses maisons civiles dans diverses villes de la Belgique.

Le style ogival secondaire continue à influencer l'architecture des Pays-Bas jusque tard dans le 16e siècle, (les hôtels de ville de Gand et d'Audenarde) et les éléments renaissance ne font leur apparition que lentement dans nos régions.

Des exemples du style renaissance sont: le palais des princes-évêques, quelque peu lourd, à Liège (15e siècle); l'hôtel de ville (16e siècle) et les maisons corporatives à Anvers, le musée Curtius à Liège (1600). De grands architectes de l'époque sont Rombout Keldermans, Corneille Floris de Vriendt et Vredeman de Vries.

Le 17e siècle, l'époque de la contre-réforme est aussi celle du style jésuite. L'influence de cet ordre religieux est remarquable dans plu-sieurs églises baroques de nos régions.

L'architecture baroque civile prospère également et un des plus beaux ensembles baroques est certes celui des maisons corporatives à Bruxelles (fin 17e-début 18e siècle) qui, avec l'hôtel de ville et la Mai-son du Roi, forment un complexe architectural unique en Europe. D'autres curiosités encore sont la Maison Rubens, la belle Maison Osterrieth, et le Palais Royal, toutes situées à Anvers. L'hôtel de ville de Lierre fut construit par J.P. van Baurscheit.

D'autres beaux ensembles de la fin du 18e siècle sont la Place Royale et la Place des Martyrs à Bruxelles.

Bien que bon nombre de constructions du 19e siècle ne font plus par-tie du paysage urbain actuel, les plus imposantes sont préservées pour les générations futures. Nous pensons ici à l'entrée spacieuse de la Gare Centrale d'Anvers, au Palais de Justice et à la Bourse de Bruxelles, à l'église Sainte-Marie à Schaerbeek.

A la fin du siècle, la Belgique comptait trois architectes de renommée mondiale, tous les trois aussi exposants du «Jugendstil». Ce sont Vic-tor Hankar, architecte de nombreuses maisons particulières, Victor Horta, architecte de l'élégante maison Solvay, Henri Van de Velde, constructeur de la Bibliothèque Universitaire de Gand, du Musée Kröller-Müller à Otterlo, etc...

Après la deuxième guerre mondiale, une véritable rage de construire submergea toute la Belgique. Surtout Bruxelles fut atteinte, et des quartiers entiers de la ville furent rasés pour faire place à des projets grandioses comme p. ex. le complexe Berlaymont où les services de la Communauté européenne sont logés, les nouveaux bâtiments du gou-vernement sur la place du Congrès, le Centre Administratif de la ville de Bruxelles et le bâtiment Philips, tous les deux situés au centre de la ville.

Kenmerkend voor de Brabantse hoog-gotiek is de rijzige westtoren, het koor met straalkapellen, het doorbreken van de zware tussenmu-ren, die plaats maken voor luchtige arkaden, triforia en grote ven-sters. Maaslandse hoog-gotiek vinden we o.m. in de O.-L.-Vrouwekerk te Hoei en in de Sint-Quintinuskerk te Hasselt, beide uit de 14de eeuw. Een prachtig voorbeeld van laat-gotiek is de Sint-Waltrudiskerk te Bergen (15de-17de eeuw).

Typerend voor onze gewesten is de gotische burgerlijke bouwkunst, die in de steden het ontstaan gaf aan hallen, belforten en stadhuizen. Zo bv. de belforten van Doornik (13de eeuw) en Gent (14de eeuw), de hallen van Ieper (13de-14de eeuw), Brugge (13de eeuw), Mechelen (14de eeuw); de stadhuizen van Brugge (14de-15de eeuw), Brussel (15de eeuw) en Leuven (15de eeuw); talrijke burgerhuizen in diverse steden van België.

De laat-gothiek blijft, tot ver in de 16de eeuw de architectuur van de Lage Landen beïnvloeden, (de Stadhuizen van Gent en Oudenaarde) en renaissanceelementen doen slechts langzaam hun intrede in onze gewesten.

Voorbeelden van renaissancebouwkunst zijn: het ietwat logge Prins-bisschoppelijk Paleis te Luik (15de eeuw) , het stadhuis (16de eeuw) en de gildehuizen te Antwerpen, het Curtiushuis te Luik (1600).

Grote bouwmeesters uit deze tijd zijn Rombout Keldermans, Corne-lis Floris de Vriendt en Vredeman de Vries.

De 17de eeuw, de tijd van de contrareformatie, is ook deze van de jezuïetenstijl. De invloed van deze kloosterorde is merkbaar in vele barokkerken uit onze gewesten.

Ook de burgerlijke barokarchitectuur bloeide welig en een der mooiste barokensembles vormen wel de Gildehuizen te Brussel (eind 17de-begin 18de eeuw) die, samen met het gotische Stadhuis en het neogotische Broodhuis, een architectuurcomplex vormen dat uniek is in Europa.

Bezienswaardig zijn nog het Rubenshuis en, voor de 18de eeuw, het fraaie Osterriethhuis en het Koninklijk Paleis, alle te Antwerpen. Te Lier bouwde J.P. van Baurscheit het stadhuis. Fraaie ensembles zijn nog: het Koningsplein en het Martelarenplein te Brussel, beide uit het eind der 18de eeuw. Hoewel vele 19de-eeuwse gebouwen thans uit het stadsbeeld zijn verdwenen, bleven de meest indrukwekkende toch voor het nageslacht bewaard. Wij denken hierbij aan de ruime ont-vangsthalle van het Centraal Station te Antwerpen, aan het Paleis van Justitie en de Beurs te Brussel, aan de Mariakerk te Schaarbeek.

Rond de eeuwwende werkten in België drie architecten met wereld-faam, alle drie ook exponenten van de zgn. «Jugendstil». Het zijn Victor Hankar, ontwerper van talrijke particuliere woningen, Victor Horta, architect van het sierlijke Solvayhuis, Henri Van de Velde, de bouwer van de Gentse Universiteitsbibliotheek, van het Kröller-Müllermuseum te Otterlo, enz.

Na de tweede wereldoorlog heeft een echte bouwrage geheel België overspoeld. Vooral Brussel werd er door getroffen en hele stadswij-ken werden opgeruimd om plaats te maken voor groots opgevatte projecten als bv. het Berlaimont-complex, waarin de diensten van de Europese Gemeenschap zijn ondergebracht, de nieuwe regeringsge-bouwen aan het Congresplein, het Administratief Centrum van de stad Brussel en het Philips-gebouw, beide in het stadscentrum.

LA SCULPTURE

La période pré-romane n'a pas été riche en art sculptural. Il est indu-bitable que dans les étapes romaines comme Tongres, Arlon et Tour-nai, des écoles de sculpture se sont développées. Il est de fait qu'au

DE BEELDHOUWKUNST

Een grote oogst aan beeldhouwkunst heeft de vóórromaanse periode niet nagelaten. Ongetwijfeld kwamen in Romeinse pleisterplaatsen als Tongeren, Aarlen en Doornik, beeldhouwscholen tot stand. Feit

3e siècle, Arlon connut un grand épanouissement. Le relief «Le payement du fermage», au musée d'archéologie d'Arlon, en est un témoignage.

De la période romane, il nous reste quelques portails d'églises e.a. à Dinant, Tongres et Huy, ainsi que de la sculpture en relief (p. ex. La Vierge de dom Rupert, 12e siècle, dans le Musée Curtius à Liège, ainsi que des statues religieuses en bois. On connaît spécialement les statues hiératiques «Sedes Sapientiaë» (e.a. à Léau) et les statues du Christ conservées en leur totalité ou brisées (une splendide tête du Christ est conservée au trésor de l'église Notre-Dame à Tongres).

Le gothique d'origine française constitue un sommet dans la sculpture aux Pays-Bas. On en trouve des exemples dans le portail de l'Hôpital Saint-Jean à Bruges et dans les monuments funéraires de Tournai (13e-14e siècle).

Le maniérisme dominait au centre du 14e siècle alors qu'en même temps, sous l'influence de Claus Sluter et de la Cour bourguignonne, un style réaliste tout nouveau se développait. Du 15e siècle datent également de nombreux tableaux sculptés sur les miséricordes de nombreuses stalles de chœur (proverbes, tableaux populaires etc.).

On connaît la renommée de nombreux retables qui, jusqu'à une époque avancée dans le 16e siècle, représentaient un véritable produit d'exportation et dans lesquels le style gothique survivra plus longtemps que p. ex. dans la peinture.

Petit à petit cependant, la Renaissance passe également dans la sculpture, avec des maîtres comme Jean Mone et Lancelot Blondeel, tandis que la Haute-Renaissance (ca 1550) s'exprime dans les œuvres de Jacques Dubrœucq (de nombreux reliefs dans l'église de Sainte-Waudru à Mons) et de Corneille Floris de Vriendt (jubé de Tournai, 1573).

La sculpture du 17e siècle, fortement influencée par Rubens a toutes les caractéristiques du baroque: décoration abondante, émotivité tumultueuse.

A l'époque des iconoclastes, de nombreux mobiliers d'église ont été détruits. En grande partie ils furent remplacés pendant la période baroque: confessionnaux et bancs de communion fortement décorés, chaires de vérité, autels et buffets d'orgue monumentaux.

Vers la seconde moitié du 17e siècle, travaillaient respectivement à Bruxelles et à Anvers, les sculpteurs Jérôme Duquesnoy et Artus Quellin Le Vieux. Un style baroque très personnel mais modéré fut créé par François Duquesnoy, frère du premier nommé et collaborateur du Bernin à Rome. Sont également importants: la famille de sculpteurs anversois Verbruggen, le malinois Luc Faid'herbe, et le mosan Jean Delcour.

Durant le baroque tardif et le 18e siècle, Bruxelles devint le centre de l'art sculptural tout comme celui des autres arts d'ailleurs.

Là où jusqu'à la première moitié du 18e siècle, l'attention allait surtout au mobilier d'église, surviennent quelques modifications au cours de la seconde moitié du siècle avec l'éclosion d'une sculpture profane.

Un des exposants les plus importants de cet art fut G.L. Godecharle (+1835).

Pour le 19e siècle deux grands noms sont à retenir: Guillaume Geefs et Constantin Meunier, un sculpteur à orientation sociale qui cherchait ses thèmes dans le monde du travail. Finalement encore le sculpteur néo-baroque Joseph Lambeaux. Le 20e siècle a, à son tour, amené un renouveau dans le domaine de la sculpture. Les premières œuvres de Rik Wouters datent de 1912; le symboliste Georges Minne était le pivot de la première école de Latem.

Le modernisme et la simplification percent avec Oscar Jespers, Joseph Cantré, Georges Grard influencé par Maillol, et Charles Leplae. En dernière levée se trouvent e.a. Vic Gentils, Roel et Reinhout D'Haese, Marc Macken, Joris Minne, Rik Poot, Pierre Caille et le sculpteur monumental Moeschal.

Un aperçu important de la sculpture belge actuelle est exposé en permanence au Musée de plein air Middelheim à Anvers.

is, dat Aarlen tijdens de 3de eeuw een hoge bloei kende. Hiervan getuigt het reliëf «Het betalen van de pacht» uit het oudheidkundig Museum te Aarlen.

Uit de romaanse periode zijn enkele kerkportalen bewaard gebleven, o.m. te Dinant, Tongeren en Hoei, evenals reliëfbeeldhouwwerk (bv. de Madonna van dom Rupert, 12de eeuw, in het Curtiushuis te Luik), en van hout vervaardigde religieuze beelden. Bekend zijn vooral de hiëratische «Sedes Sapientiaë-beelden (o.m. te Zoutleeuw) en de geheel of gedeeltelijk bewaarde Christusbeelden (een prachtige Christuskop wordt bewaard in de schat van de O.-L.-Vrouwekerk te Tongeren.

Een hoogtepunt in de beeldhouwkunst van de Lage Landen bracht de uit Frankrijk stammende gotiek. Voorbeelden van vroeg-gotische beeldhouwkunst vinden we in het portaal van het Sint-Jans-hospitaal te Brugge (1270) en in de Doornikse grafmonumenten (13de-14de eeuw).

Het maniërisme vierde hoogtij tijdens de 14de eeuw, terwijl onder invloed van Claus Sluter en het Bourgondische hof, een geheel nieuwe, realistische stijl tot ontwikkeling kwam.

Uit de 15de eeuw dagtekenen ook talrijke gebeeldhouwde taferelen (spreuken, volkstaferelen enz.) op de misericordiae van vele koorbanken. Overbekend zijn de vele retabels die, tot ver in de 16de eeuw, een regelrecht uitvoerproduct vertegenwoordigden en waarin de gotische stijl langer zou doorleven dan bv. in de schilderkunst.

Stilaan echter breekt ook in de beeldhouwkunst de Renaissance door, met meesters als Jan Mone en Lancelot Blondeel, terwijl de hoog-Renaissance (ca 1550) tot uiting komt in werken van Jacques Dubroecq (talrijke reliëfs in de St.-Waltrudiskerk te Bergen) en Cornelis Floris de Vriendt (doksaal te Doornik, 1573).

De 17de-eeuwse beeldhouwkunst, sterk beïnvloed door Rubens, bezit alle eigenschappen van de barok: overvloedige versiering, heftige bewogenheid. Ten tijde van de beeldenstormen (16de eeuw), was enorm veel kerkmobilair vernield geworden. Veel ervan werd tijdens de barokperiode vervangen; pronkvolle biechtstoelen en communiebanken, monumentale preekstoelen, altaren en orgelkasten.

Omstreeks de tweede helft van de 17de eeuw werkten, respectievelijk te Brussel en te Antwerpen, de beeldhouwers Hiëronymus Duquesnoy en Artus Quellin de Oude.

Een zeer persoonlijke, overigens gematigde barokstijl, schiep Frans Duquesnoy, broer van eerstgenoemde en medewerker van Bernini te Rome. Belangrijk zijn nog: de Antwerpse beeldhouwersfamilie Verbruggen, de Mechelaar Lucas Faid'herbe, de Maaslander Jean Delcour.

Tijdens de laat-barok en de 18de eeuw wordt Brussel het centrum van de beeldhouwkunst, overigens ook van de andere kunsten. Waar tot de eerste helft van de 18de eeuw, de aandacht hoofdzakelijk ging naar het kerkmobilair, komt hierin enige verandering tijdens de tweede helft van de eeuw, met de opkomst van een profane beeldhouwkunst.

Een van de belangrijkste exponenten van deze kunst is G.L. Godercharle (+1835).

Voor de 19de eeuw zijn twee grote namen te onthouden: Willem Geefs en Constantin Meunier, een sociaal gericht beeldhouwer die zijn thema's zocht in de arbeiderswereld. Ten slotte nog de neo-barokbeeldhouwer Jef Lambeaux. De 20ste eeuw is ook op het gebied van de beeldhouwkunst vernieuwend geweest. Rik Wouters' eerste beeldhouwwerken dagtekenen van 1912; de symbolist Georges Minne was de spil van de eerste Latemse School.

Het modernisme en de vereenvoudiging breken door met Oscar Jespers, Jozef Cantré, de door Maillol beïnvloede Georges Grard en Charles Leplae. Tot de jongste lichting behoren o.m. Vic Gentils, Roel en Reinhout D'Haese, Mark Macken, Joris Minne, Rik Poot, Pierre Caille en de monumentale beeldhouwer Moeschal.

Een belangrijk overzicht van de Belgische hedendaagse beeldhouwkunst is permanent tentoongesteld in het openluchtmuseum Middelheim te Antwerpen.

LA PEINTURE

Les premiers produits de l'art pictural belge furent les fresques à représentations religieuses, dont il ne reste que peu de chose. Les plus anciennes se trouvent à la cathédrale de Tournai et datent du 12e siècle. En outre il y a les peintures murales du 14e siècle dans l'abbaye de la Byloke à Gand et ailleurs.

Dans le domaine de l'enluminure, l'Evangéliaire de Aldeneik (le «Codex Eyckensis» 8e siècle) mérite une mention particulière.

Des peintures sur bois plus anciennes sont plutôt rares, toutefois il faut mentionner le reliquaire d'Odile, en parfait état de conservation, du cloître Kolen à Kerniel (13e siècle).

Au cours du 14e siècle, de nombreux artistes émigrèrent en France pour travailler avec des peintres français. La soi-disante école franco-flamande (14e siècle) témoigne d'ailleurs d'une forte influence flamande. D'autres ont travaillé à l'école bourguignonne à Dijon, comme Melchior Broederlam de Ypres et les frères de Limbourg, tandis que de nombreux maîtres anonymes continuaient à travailler aux Pays-Bas.

Il est indubitable qu'ils ont tracé la route aux «Primitifs flamands», qui firent du 15e siècle le siècle d'or de la peinture belge. La notion «primitif» est à peine applicable à cet art, qui, en réalité, est le couronnement de deux siècles d'évolution et qui doit son épanouissement complet à la richesse et au goût du faste et du lustre de la riche bourgeoisie, des hauts dignitaires de l'église et de la cour.

Les grands noms de l'époque sont ceux de Jean van Eyck, Roger van der Weyden, Thierry Bouts, Hugo van der Goes, Pierre Christus, Hans Memling, Gérard David et Quentin Metsys.

Le déclin économique des villes commerciales Bruges et Gand eut une grande influence sur la peinture du 16e siècle. Les deux plus grands peintres de cette période sont Jérôme Bosch et Pierre Bruegel l'Ancien. Autour de ces deux géants vivait et travaillait une foule de petits maîtres (Patenier, Joos van Cleve, Pierre Aertsen, Pierre Coecke van Aelst, François Floris, Barend van Orley, les portraitistes Antonio Moro et Pierre Pourbus etc.).

De nombreux peintres et aussi des musiciens émigrèrent en Italie. Le «voyage d'étude» en Italie était à la mode.

La peinture belge atteint un nouveau sommet au cours du 17e siècle, le siècle de Rubens, Van Dyck, Jacques Jordaens. Et autour de ces grands encore une foule d'excellents artisans et artistes: le portraitiste Corneille de Vos, le peintre de natures mortes François Snyders, les peintres de tableaux religieux De Crayer et Van Thulden, les peintres de genre Brouwer et Teniers, les fils de Bruegel l'Ancien...

Après ce troisième grand siècle vient la déchéance, provoquée entre autres par le déclin économique des villes belges. Le 18e siècle ne produit que peu de choses valables du point de vue de l'art pictural. Un léger renouveau apparaît au cours du 19e siècle. Comme pour le reste de l'Europe, les divers courants subissent une forte influence française. La France en effet, continue à donner le ton jusqu'à la moitié du 20e siècle, après quoi l'Amérique prend le relais.

En 1816 s'installait à Bruxelles le peintre classique français Louis David. Il comptait parmi ses élèves Joseph Navez, un portraitiste non dépourvu de mérite. Des romantiques de cette période sont: Nicaise de Keyser, G. Wappers, et le plus important de tous, Antoine Wiertz. Le réalisme fit son entrée en Belgique avec Henry Leys aux alentours de 1850. Son neveu et élève, Henry de Braekeleer, peintre de sujets contemporains, poursuivit le mouvement.

Encore d'autres noms importants sont: Hyppolyte Boulenger, un excellent paysagiste, Charles de Groux, Eugène Laermans, l'impressionniste Emile Claus, Oleffe, Evenepoel, Ensor et Jacques Smits.

Une figure qui fut très importante par elle-même et en tant que rénovateur de la peinture moderne est Rik Wouters, peintre fauve, d'une vitalité inhabituelle, qui laissa une œuvre géniale.

C'est à cette époque (ca 1900) que s'installat à Latem un groupe de peintres, nommés plus tard les symbolistes. Ce sont e.a. Georges Minne, Auguste van de Woestijne, Valère de Saedeleer etc. Suit alors le deuxième groupe de Latem avec e.a. les expressionnistes Auguste de Smet, Permeke, Frits van den Berghe.

DE SCHILDERKUNST

Tot de vroegste voortbrengselen van de Belgische schilderkunst behoren de fresco's met religieuze voorstellingen, waarvan echter weinig is bewaard gebleven. De oudste ervan bevinden zich in de kathedraal te Doornik en dagtekenen uit de 12de eeuw. Verder zijn er de 14de-eeuwse muurschilderingen van de Bijlokeabdij te Gent en elders.

Op het gebied van de boekverluchting verdient het *Evangeliarium* van Aldeneik (de «Codex Eyckensis», 8ste eeuw), een bijzondere vermelding. Oudere paneelschildering is eerder zeldzaam, maar toch moet hier het uitstekend bewaard Odiliënschrijn uit het klooster Kolen te Kerniel (13de eeuw) worden aangestipt.

Tijdens de 14de eeuw weken talrijke kunstenaars uit naar Frankrijk en werkten er met Franse schilders samen. De zgn. «Ecole franco-flamande» (14de eeuw), verraadt trouwens een sterke Vlaamse invloed. Anderen werkten aan het Bourgondische hof te Dijon. Aldus Melchior Broederlam uit Ieper en de gebroeders van Limburg, terwijl talrijke anonieme meesters in de Lage Landen werkzaam bleven.

Ongetwijfeld zijn zij de wegbereiders geweest van de zogeheten Vlaamse Primitieven, die van de 15de eeuw de gouden eeuw van de Belgische schilderkunst hebben gemaakt. Het begrip «Primitief» is wel weinig toepasselijk op deze kunst, die in feite de bekroning is van twee eeuwen evolutie en die haar volle ontplooiing te danken heeft aan de rijkdom en de hang naar praal en luister van de rijke burgerij, de kerkelijke hoogwaardigheidsbekleders en het hof.

Grote namen uit deze periode zijn die van Jan van Eyck, Rogier van der Weyden, Dirk Bouts, Hugo van de Goes, Petrus Christus, Hans Memling, Gerard David en Quinten Metsys.

De economische teruggang van de handelssteden Brugge en Gent had een grote invloed op de schilderkunst van de 16de eeuw. Belangrijke centra werden Brussel en Antwerpen. De twee grootste schilders uit deze periode zijn Hiëronymus Bosch en Pieter Bruegel de Oude. Omheen deze twee reuzen leefde en werkte een zwerm kleinere meesters (Patenier, Joos van Cleve, Pieter Aertsen, Pieter Coecke van Aelst, Frans Floris, Barend van Orley, de portretschilders Antonio Moro, Pieter Pourbus enz.).

Vele schilders, zoals trouwens ook vele musici weken uit naar Italië. De zgn. «studiereis» naar Italië was mode geworden.

Een nieuw hoogtepunt bereikt de Belgische schilderkunst tijdens de 17de eeuw, de eeuw van Rubens, van Van Dyck, van Jacob Jordaens. En omheen deze groten, weerom een schaar uitstekende vaklui en kunstenaars: de portretschilder Cornelis de Vos, de stillevenschilder Frans Snijders, de schilders van religieuze taferelen De Crayer en Van Thulden, de genreschilders Brouwer en Teniers, de zonen van Bruegel de Oude...

Na deze derde grote eeuw komt echter het verval, mede veroorzaakt door de economische teruggang van de Belgische steden. De 18de eeuw telt weinig meldenswaardigs op het gebied van de schilderkunst.

Enige heropleving kan worden vastgesteld tijdens de 19de eeuw. Zoals voor het overige Europa, staan de diverse stromingen zeer onder Franse invloed. Frankrijk blijft trouwens toonaangevend tot het midden van de 20ste eeuw, waarna het wordt afgelost door Amerika.

In 1816 vestigde zich te Brussel de Franse klassicistische schilder Louis David. Een leerling van hem was Joseph Navez, een niet onverdienstelijk portretschilder. Verhalende romantici uit deze periode zijn: Nicaise De Keyser, G. Wappers en, de belangrijkste van allen, Antoine Wiertz.

Het realisme deed in België zijn intrede ca 1850 met Hendrik Leys en werd voortgezet door zijn neef en leerling, Hendrik de Braekeleer, schilder van eigentijdse onderwerpen.

Belangrijke namen zijn nog: Hippolyte Boulenger, een zeer goed landschapschilder, Charles de Groux, Eugène Laermans, de impressionist Emile Claus, Oleffe, Evenepoel, Ensor en Jacob Smits.

Een figuur die op zichzelf, en als vernieuwer, zeer belangrijk is geweest voor de moderne schilderkunst is Rik Wouters, fauvistisch

A Bruxelles œuvrent les surréalistes Magritte et Delvaux, l'expressionniste Brusselmans et à Anvers, Florent Jespers.

Viennent ensuite les «animistes», les post-expressionnistes, les abstraits, etc. Au cours des dernières années furent représentés en Belgique, comme dans les pays voisins, tous les ismes et tendances venant d'Amérique.

Mais heureusement il y a encore quelques artistes qui, fidèle à la tradition nationale, poursuivent leur propre chemin, et qui, malgré tous les caprices de la mode, demeurent des valeurs solides dans un monde chaotique où il devient difficile de distinguer la réelle maîtrise des réalisations pseudo-artistiques et de l'art pictural véritable.

schilder die een geniaal œuvre heeft nagelaten, drager van een eerder ongewone vitaliteit.

Omstreeks diezelfde tijd (ca 1900) vestigde zich te Latem een reeks schilders, later de symbolisten genoemd. Het zijn o.m. Georges Minne, Gust van de Woestijne, Valerius de Saedeleer e.a.

Dan volgt de tweede Latemse groep, met o.m. de expressionisten Gust de Smet, Permeke, Frits van den Berghe.

Te Brussel werken de surrealisten Magritte en Delvaux, de expressionist Brusselmans en te Antwerpen Floris Jespers.

Volgen dan de zgn. «animisten», de post-expressionisten, de abstracten enz. Tijdens de jongste jaren zijn in België, evenals in de nabuurlanden, zowat alle ismen en tendenzen vertegenwoordigd die uit Amerika overwaaien.

Maar gelukkig zijn er ook nog enkele kunstenaars die, de nationale traditie getrouw, hun eigen weg gaan en, alle modegrillen ten spijt, vaste waarden blijven in een chaotische wirwar waaruit louter vakmanschap, pseudo-artistieke krachtpatserij en echte schilderkunst nog moeilijk te onderscheiden zijn.

LA BELGIQUE TOURISTIQUE ET ARTISTIQUE

TOERISTISCH EN ARTISTIEK BELGIE

Il est impossible, dans un espace aussi restreint, de donner au lecteur une vue détaillée de tout ce que la Belgique possède en trésors touristiques et artistiques. Ce serait plutôt la mission d'un guide de voyage. Nous essayerons toutefois de donner un aperçu de la richesse et de la variété du patrimoine naturel et artistique de la Belgique qui étonne toujours tant de visiteurs étrangers et les remplit d'admiration.

Outre une rapide revue de la beauté naturelle – nous pensons ici principalement aux Ardennes, la Gaume, l'Eiffel, les Ardennes flamandes, la côte et la multitude de paysages enchanteurs qu'offrent aussi bien la Flandre que la Wallonie – notre attention va, en ordre principal, aux grandes villes. Les villes plus petites seront traitées dans un aperçu général. Il n'est pas possible de tout mentionner et il faut savoir se limiter.

Pour de plus amples informations, nous renvoyons à nouveau aux nombreux guides de voyage.

Het is ondoenlijk binnen dit plaatsbestek de lezer een gedetailleerd overzicht te geven van alles wat België op toeristisch en artistiek vlak rijk is. Dat is veeleer de opgaaf van de reisgids. Toch zullen wij trachten hem toch enig beeld te geven van de rijkdom en veelzijdigheid van het Belgische natuur- en kunstpatrimonium dat zovele vreemde bezoekers steeds weer verbaast en met bewondering vervult.

Naast een kort overzicht van het landelijk schoon, – wij denken hierbij vooral aan de Ardennen, de Gaume, de Eiffel, de Vlaamse Ardennen, het kustgebied en het vele landschappelijke schoon dat zowel Vlaanderen als Wallonië te bieden heeft – gaat onze aandacht hoofdzakelijk naar de grote steden. In een erop volgend algemeen overzicht komen dan de kleinere steden aan bod.

Alles vermelden is onmogelijk en ergens moet een grens worden getrokken. Voor een vollediger overzicht verwijzen wij dan ook opnieuw naar de vele bestaande reisgidsen.

LE PAYSAGE

HET LANDSCHAP

Le paysage belge montre une grande variété. On n'y trouve pas de montagnes: le Nord fait partie de la plaine européenne, le sud en ordre principal du massif schisteux rhénal.

Les plateaux les plus élevés n'y atteignent que 652 m (Baraque Fraiture) et 672 m (Baraque Michel).

La région côtière avec sa ceinture de dunes fermée, compte trois centres importants parmi lesquels la reine des plages, Ostende, occupe la place centrale. C'est d'ici que partent les malles Ostende-Douvres; d'autres liaisons avec le Royaume-Uni ont leur point de départ à Zeebrugge. Si Blankenberge, Den Haan, La Panne et d'autres petites plages sont considérées comme plages familiales, Knokke-Heist est, par contre, la station balnéaire la plus élégante de la côte belge. C'est à proximité d'elle que se trouve d'ailleurs la réserve naturelle et ornithologique du Zwin. Une autre réserve est celle de La Panne avec ses magnifiques dunes encore intactes.

Het Belgische landschap vertoont een grote verscheidenheid. Terwijl Noord-België behoort tot de Europese laagvlakte en Zuid-België hoofdzakelijk tot het Rijnleisteenmassief, komen gebergten er niet voor. De hoogste plateaus bereiken slechts 652 m (Baraque Fraiture) en 674 m (Baraque Michel).

De kuststreek met haar gesloten duinengordel bevat een drietal grote centra, waarvan de koningin der badsteden, Oostende, het meest centraal ligt. Van hieruit vertrekken de mailboten Oostende-Dover; andere verbindingen met Engeland vertrekken vanuit Zeebrugge. Worden Blankenberge, De Haan, De Panne e.a. kleine plaatsen beschouwd als familiebadplaatsen dan is Knokke-Heist wel de meest elegante badplaats van de Belgische kust. In de nabijheid hiervan ligt trouwens het belangrijke natuur- en vogelreservaat Het Zwin. Een ander reservaat is dat van De Panne met zijn indrukwekkende, nog ongerepte duinenmassieven.

Au nombre des possibilités touristiques des plages belges on compte les excursions vers les proches villes d'art de l'hinterland (Bruges, Furnes, Ypres, les champs de bataille de 1914-18 etc.), tout comme vers les nombreux relais touristiques qu'offre la région.

Les Ardennes avec leurs plateaux, leurs forêts étendues et leurs petites rivières pittoresques contrastent fortement avec la région côtière sans relief.

Au départ de Namur, en direction de la frontière française, nous trouvons plusieurs endroits bien connus, parmi lesquels Profondeville, Lustin, Annevoie, Dinant, Anseremme, Freyr...

Le long de la Lesse, nous visitons Rochefort et Han, avec ses grottes universellement connues.

Dans la direction Beauraing, nous atteignons la vallée de la Semois avec ses centres touristiques particulièrement attrayants parmi lesquels le château historique de Bouillon. Plus au sud se trouve le territoire de la Gaume.

L'excursion nous conduit plus loin vers Arlon, Bastogne, et le retour par la vallée de l'Ourthe, Laroche, Durbuy etc...

En suivant le cours de l'Amblève, nous découvrons les grottes de Remouchamps, la cascade de Coo et les Hautes Fagnes étendues et impressionnantes.

D'ici nous partons vers Eupen, Malmedy et Verviers, vers le pays de Herve, Spa et l'adorable vallée de la Vesdre.

Nous suivons maintenant la Meuse, en direction de Huy, traversons la vieille région industrielle, faisons halte à Marche-les-Dames et retournons à notre point de départ, Namur.

Mais entre la région côtière et les Ardennes, il y a bien plus de beauté naturelle pittoresque.

Nous pensons au sud du Hainaut, en direction de Chimay; aux Ardennes flamandes près de Renaix, à la Campine anversoise et limbourgeoise avec sa forêt étendue de sapins, ses dunes et ses marécages; au Brabant wallon vallonné, avec le but touristique Waterloo; aux polders étendus au nord et à tant d'autres choses encore.

Tot de toeristische mogelijkheden van de Belgische badplaatsen behoren de uitstappen naar de nabijgelegen kunststeden van het hinterland (Brugge, Veurne, Ieper, de slagvelden van 1914-18 enz.), evenals naar de vele toeristische pleisterplaatsen die de streek te bieden heeft.

In scherpe tegenstelling tot de nagenoeg vlakke kuststreek staan de Ardennen met haar plateaus, haar uitgestrekte wouden, haar schilderachtige riviertjes.

Vertrekkend vanuit Namen, richting Franse grens, treffen wij verschillende bekende plaatsen (o.a. Profondeville, Lustin, Annevoie, Dinant, Anseremme, Freyr...).

De Lesse volgend bezoeken wij Rochefort en Han, met zijn wereldberoemde grotten.

Richting Beauraing bereiken wij de vallei van de Semois met haar bijzonder aantrekkelijke toeristische centra, m.o.m. de historische burcht van Bouillon. Meer naar het zuiden toe ligt het gebied van de Gaum.

De tocht leidt ons verder naar Aarlen, Bastenaken, terug over de Ourthevallei en Laroche, Durbuy enz.

De loop van de Amblève volgend treffen wij de grotten van Remouchamps, de waterval van Coo en de uitgestrekte en indrukwekkende Hoge Venen.

Van hieruit gaat het naar Eupen, Malmedy en Verviers, naar het land van Herve, Spa en het lieflijke dal van de Vesder.

Wij volgen nu de Maas in de richting van Hoei, doorkruisen het oude industriegebied, houden even halt te Marche-les-Dames en keren terug naar ons uitgangspunt Namen.

Maar tussen de kuststreek en de Ardennen ligt nog heel wat meer schilderachtig natuurschoon.

Wij denken hierbij aan zuidelijk Henegouwen, richting Chimay; aan de Vlaamse Ardennen omheen Ronse, aan de Antwerpse en Limburgse Kempen met haar uitgestrekte dennenwouden, duinen en moerassen; aan het heuvelachtige Waals-Brabant, met het toeristische trefpunt Waterloo; aan de uitgestrekte poldervlakten in het Noorden en aan nog zoveel meer.

LES VILLES D'ART BELGES

ANVERS

Ville portuaire à vocation mondiale, située sur la rive droite de l'Escaut. Parmi les plus remarquables monuments de la ville nous citons: la cathédrale Notre-Dame (14e-16e siècle) avec sa tour de 123 mètres de hauteur et ses nombreux trésors d'art; l'église Saint-Jacques (15e siècle), un véritable musée de l'art anversois du 17e siècle; l'église Saint-Charles Borromée (17e siècle); l'église Saint-André (16e siècle); l'église Saint-Paul avec son remarquable calvaire baroque, une magnifique décoration murale en bois et ses confessionnaux de réputation mondiale.

Anvers possède de nombreux bâtiment civils remarquables; le majestueux hôtel de ville renaissance; le Steen (12e siècle) qui abrite le Musée national de la Marine; la Maison des bouchers (16e siècle); le Musée Plantin-Moretus; la maison Rubens; la maison Mercator-Ortelius; la maison des Brasseurs; le Musée Mayer van den Berg; la maison Rockox et, à ne pas oublier, le Musée royal des Beaux-Arts.

Une visite à l'ancien centre de la ville est fortement recommandée: en se promenant dans les rues étroites avec leur multitude de vieilles façades, on aboutit toujours à des places petites et moyennes, toujours pleines d'atmosphère.

BRUGES

Tout comme Gand et Saint-Trond, Bruges est dominée par trois

DE BELGISCHE KUNSTSTEDEN

ANTWERPEN

Havenstad van wereldbetekenis, gelegen op de rechteroever van de Schelde. Tot de merkwaardigste monumenten van de stad behoren: de O.-L.-Vrouwekathedraal (14de-16de eeuw) met haar 123 meter hoge toren en haar vele kunstschatten; de Sint-Jakobskerk (15de eeuw), een regelrecht museum van 17de-eeuwse Antwerpse kunst; de Sint-Carolus Borromeuskerk (17de eeuw); de Sint-Andrieskerk (16de eeuw); de Sint-Pauluskerk met haar merkwaardige barokkalvarie, fraaie houten muurbekleding en wereldberoemde biechtstoelen.

Antwerpen bezit tal van merkwaardige profane gebouwen: het statige renaissance-Stadhuis; het Steen (12de eeuw) met het Nationaal Scheepvaartmuseum; het Vleeshuis (16de eeuw); het Plantijn-Moretusmuseum; het Rubenshuis; het Mercator-Orteliushuis; het Brouwershuis; het Museum Mayer-Van den Bergh; het Rockoxhuis en, niet te vergeten het Koninklijk Museum voor Schone Kunsten.

Een bezoek aan de oude stadskern is zeer aan te bevelen: dwalend door de nauwe straten met hun talrijke oude gevels, komt men steeds weer terecht op kleine tot middelgrote, zeer sfeervolle pleintjes.

BERGEN

Eens de hoofdstad van het graafschap, thans van de provincie Henegouwen, bezit Bergen enkele interessante gebouwen en musea.

Het belangrijkst is wel de fraaie gotische Sint-Waltrudiskerk (15de

tours: celle du Beffroi, à côté des Halles (13e-15e siècle); celle de l'église Notre-Dame et enfin celle de la cathédrale Saint-Sauveur. D'autres édifices remarquables sont: l'hôtel de ville (14e siècle); l'Ancien Greffe (16e siècle); la basilique du Saint-Sang avec la crypte romane de Saint-Basile; le Musée Gruuthuse; l'hôpital Saint-Jean avec l'illustre Musée Memling; un grand nombre de maisons patriciennes et le Béguinage au Lac d'Amour.

Le Musée communal de Bruges est un des musées les plus importants au monde pour l'étude des Primitifs flamands. Il va de soi qu'une promenade à travers Bruges, le long des nombreux canaux, ruelles, rues et places, est spécialement passionnante. A conseiller: une promenade ou un tour en bateau la nuit à travers la ville féeriquement illuminée.

BRUXELLES

La vague d'urbanisation qui envahit toute l'Europe du 19e siècle, fut plutôt désastreuse pour le patrimoine artistique de Bruxelles. Nombre d'anciens quartiers et bâtiments ont fait place à de larges avenues et boulevards. Mais il n'y eut pas que l'urbanisation du 19e siècle à frapper sans pitié. Après la deuxième guerre mondiale on vit en effet la possibilité de sacrifier le romantique Mont des Arts à la Bibliothèque Albertine pseudo-moderne.

Malgré tout cela, Bruxelles peut encore se vanter de posséder un patrimoine culturel exceptionnel et cela en complément à ses musées importants.

La perle de ce patrimoine est indubitablement la Grand-Place, un ensemble unique qui date du 15e au 19e siècle: le gracieux hôtel de ville gothique, la maison du Roi (reconstruit d'après les plans originaux), les maisons des corporations en style baroque tardif avec leurs façades richement décorées et dorées. A proximité immédiate, nous trouvons la fontaine baroque de «Manneken Pis», une véritable attraction pour les touristes.

Bruxelles est également riche en vieux édifices religieux: l'église Notre-Dame de la Chapelle (13e siècle), contenant le tombeau de Pierre Bruegel l'Ancien; l'église Notre-Dame du Sablon, un joyau du gothique brabançon; la cathédrale Saint-Michel en style gothique au Treurenberg (14e-16e siècle), l'élégante église baroque Notre-Dame du Bon-Secours et l'église Notre-Dame des Riches Claires; l'église Saint-Jacques-sur-Coudenberg à la place Royale; l'église Sainte-Marie en style néo-Byzantin à Schaerbeek.

Outre la Grand-Place, Bruxelles possède encore deux réalisations classiques très réussies, notamment la très jolie place Royale donnant une impression de solennité et, dans la ville basse, la place des Martyrs.

Comme exemples d'architecture civile, nous avons déjà mentionné les maisons corporatives à la Grand-Place. Nous trouvons des maisons bourgeoises du 16e, 17e et 18e siècles dispersées dans toute la ville comme p. ex. les belles façades anciennes de la rue de la Montagne, de la rue des six Jeunes Hommes, de la rue de Flandre, où nous pouvons admirer au numéro 46 la belle maison de maître baroque, nommée «de la Bellone».

Dans la rue Haute se trouve la maison de Bruegel, restaurée récemment.

Une métropole possède évidemment des palais et des bâtiments officiels. Ainsi nous trouvons à la place des Palais: le palais Royal (18e-20e siècle) et le palais des Académies; dans la rue de la Loi, le palais de la Nation; au Petit Sablon, le palais d'Egmont; dans la rue de la Régence, le Conservatoire royal de musique avec son riche Musée instrumental, les bâtiments de la Banque de Bruxelles, un très bel ensemble classique; en face, la façade du Musée Royal des Beaux Arts; à la place Poelaert, le volumineux palais de Justice et, à la fin de la rue de la Loi, l'Arc de triomphe dans le Parc du Cinquantenaire (1905).

Après la deuxième guerre mondiale, une véritable rage de bâtir s'est emparée de la ville. Quelques constructions remarquables de ces der-

eeuw), waar reliëfs en beeldhouwwerken worden bewaard van Jacques Dubroeucq, evenals de beroemde processiewagen, de «Car d'Or» (17de eeuw)). Verder: het gotische Stadhuis; het barokke belfort en overblijselen van de voormalige grafelijke residentie (13de eeuw).

Bergen bezit ook rijke musea: het museum Kannunnik Puissant (oudheid); het «Musée de la vie Montoise»; het Museum voor Natuurhistorie enz.

BRUGGE

Zoals Gent en Sint-Truiden, wordt Brugge beheerst door drie torens: deze van het Belfort, naast de Hallen (13de-15de eeuw); die van de O.-L.-Vrouwekerk en ten slotte de toren van de Sint-Salvatorkathedraal. Verdere merkwaardige gebouwen zijn: het Stadhuis (14de eeuw); de Oude Griffie (16de eeuw); de Basiliek van het H. Bloed met de romaanse Basiliuskrocht; het Gruuthusemuseum; het Sint-Janshospital met het beroemde Memlingmuseum; talrijke patriciërshuizen en het fraaie Begijnhofcomplex aan het Minnewater.

Het Brugse gemeentemuseum is een der belangrijkste musea ter wereld voor de studie van de Vlaamse Primitieven.

Het spreekt vanzelf dat een wandeling door Brugge, langs de vele kanalen (reien), steegjes, straten en pleinen, bijzonder boeiend is. Aan te raden: een nachtelijke wandeling of boottocht door de feeëriek verlichte stad.

BRUSSEL

De urbanisatiegolf die Europa tijdens de 19de eeuw overspoelde, is eerder rampzalig geweest voor het Brusselse kunstpatrimonium. Talrijke oude wijken en gebouwen moesten de plaats ruimen voor brede verbindingsstraten en lanen. Maar niet alleen de 19de-eeuwse urbanisatie kon genadeloos toeslaan. Na de tweede wereldoorlog zag men immers nog de kans om de romantisch mooie Kunstberg op te offeren voor de pseudo-moderne Albertina-Bibliotheek.

Spijts dat alles kan Brussel toch nog bogen op een bijzonder rijk cultuurpatrimonium en dat, afgezien van zijn belangrijke musea.

De parel van dit patrimonium is ongetwijfeld de Grote Markt, een uniek ensemble dat dagtekent van de 15de tot de 19de eeuw: het sierlijke gotische Stadhuis, het neo-gotische Broodhuis (heropgebouwd naar de oorspronkelijke plannen), de laatbarokke Gildehuizen met hun rijkversierde en vergulde gevels. In de onmiddellijke nabijheid bevindt zich de barokfontein, wereldbekend en berucht als «Manneken Pis», een trekpleister voor toeristen.

Brussel is ook rijk aan oude religieuze gebouwen: de Kapellekerk (13de eeuw) met haar graf van Pieter Bruegel de Oude; de O. L. Vrouw-van-de-Zavelkerk, een juweel van Brabantse gotiek; de gotische Sint-Michielskathedraal op de Treurenberg (14de-16de eeuw); de sierlijke barokkerk O. L. Vrouw-van-Bijstand, de Begijnhofkerk en de Kerk der Rijke Klaren; de Sint-Jacob-op-Koudenberg aan het Koningsplein, een van de zuiverste producten van het klassicisme; de neo-Byzantijnse Mariakerk te Schaarbeek. Naast de Grote Markt bezit Brussel nog twee zeer geslaagde klassicistische verwezenlijkingen, nl. het fraaie, plechtig aandoende Koningsplein en, in de benedenstad, het Martelarenplein.

Aan burgerlijke architectuur vermeldden wij reeds de Gildehuizen op de Grote Markt. 16de-, 17de- en 18de-eeuwse burgerhuizen vinden wij over de hele stad verspreid. Zo bv. de mooie oude gevels van de Bergstraat, van de Zes Jonkmansstraat, van de Vlaamse steenweg, waar we op nummer 46 het fraaie barokherenhuis, genoemd «van Bellona» kunnen bewonderen. In de Hoogstraat vinden wij het onlangs gerestaureerde Bruegelhuis.

Een grootstad bezit natuurlijk paleizen en officiële gebouwen. Zo vinden wij op het Paleizenplein: het Koninklijke Paleis (18de-20ste eeuw) en het Paleis der Academiën; in de Wetstraat, het Parlementsgebouw; aan de Kleine Zavel, het Egmontpaleis; in de Regentie-

nières années sont: le Centre Administratif de la ville de Bruxelles et le bâtiment Philips à la place de Brouckère; la banque Lambert et l'Hôtel Hilton à la Petite Ceinture; la tour Madou à la place Madou; le complexe Manhattan, déjà partiellement réalisé, à la place Rogier; le complexe Berlaimont, siège de différentes institutions européennes au Rond Point de la rue de la Loi.

A tout cela il faut ajouter les musées nombreux et d'ailleurs très riches, le Musée des Beaux Arts (peinture et sculpture); les Musées d'art et d'histoire dans le palais du Cinquantenaire (musée des antiquités romaines, grecques, indiennes, précolombiennes, égyptiennes e.a.), le Musée instrumental nommé antérieurement, le Musée d'armes de la Porte de Hal.

Restent encore à citer autour du centre de la ville: le palais Royal de Laeken, résidence de la famille royale; la maison d'Erasme et l'église Saint-Pierre à Anderlecht; le complexe de Bâtiments de l'abbaye de la Cambre (18e siècle); le château-ferme du Karreveld à Molenbeek Saint-Jean; les ruines de l'abbaye de Forest; le Musée d'Afrique centrale à Tervueren, etc...

GAND

Durant le Moyen Age, chef-lieu du comté de Flandre, Gand est actuellement une des plus belles villes d'art de Belgique, ayant conservé un caractère propre.

Quatre monuments remarquables dominent le centre de la ville par leurs tours: l'église Saint-Nicolas (13e siècle), l'église Saint-Michel (16e siècle), le Beffroi avec sa Halle aux Draps (13e-14e siècle) et la cathédrale Saint-Bavon (13e-14e siècle).

Au centre, nous trouvons encore le Château des Comtes (13e siècle), l'hôtel de Gérard le Diable (13e siècle), le Musée lapidaire (Moyen Age) et ceux dans les environs immédiats de l'hôtel de ville en style gothique et renaissance; la Halle aux viandes ou Grande Boucherie gothique, de nombreuses maisons du Moyen Age de style renaissance et baroque, e.a. la Faucille et l'Arrière Faucille, l'hôtel d'Hane-Steenhuyse, les ruines de l'abbaye de la Byloke, les abbayes de Saint-Bavon, de Saint-Pierre et de Baudelo, le rustique Petit Béguinage joliment restauré etc.

Des musées importants sont: le Musée des Beaux Arts (peinture et sculpture), le Musée de folklore, le Musée de l'abbaye de la Byloke (fresques, tableaux et sculptures).

LIEGE

A proximité immédiate des Ardennes, sur les rives de la Meuse et située dans un paysage merveilleux, Liège possède de nombreux témoignages qui rappellent le passé glorieux de la ville.

Les églises les plus importantes sont: l'église romane de Saint-Bartholomée (fonts baptismaux de Renier de Huy), l'église Saint-Antoine (13e-18e siècle), l'église Saint-Jean (tour romane).

En ce qui concerne l'architecture civile, nous citons les édifices suivants: le palais des princes-évêques, datant du 16e siècle, avec ses deux vastes cours intérieures et ses galeries voûtées; le Perron (18e siècle, symbole des libertés liégeoises); l'imposant Musée Curtius, une grande maison patricienne du 18e siècle, aménagée en Musée. D'autres musées importants sont: le Musée des Beaux Arts; le Musée Grétry et le Musée de la Vie Wallone.

MONS

Jadis chef-lieu du comté, actuellement de la province du Hainaut, Mons possède quelques bâtiments et musées intéressants.

Le plus important est certes l'église consacrée à Sainte-Waudru, très jolie dans son style gothique (15e siècle), où sont conservés des reliefs et sculptures de Jacques Dubroeucq, ainsi que le célèbre char d'appa-rat, le «Car d'or» (17e siècle). Mentionnons en outre: l'hôtel de ville

straat, het Koninklijk Muziekconservatorium met het rijke Instrumentenmuseum, de gebouwen van de Bank van Brussel, een zeer mooi klassicistisch ensemble; er tegenover de voorgevel van de Koninklijke Musea voor Schone Kunsten; op het Poelaertplein, het reusachtige Paleis van Justitie en, aan het eind van de Wetstraat, de triomfboog van het Jubelpark (1905).

Na de tweede wereldoorlog heeft zich een regelrechte bouwwoede van de stad meester gemaakt. Enkele merkwaardige scheppingen uit de jongste jaren zijn: het Administratief Centrum van de Stad Brussel en het Philipsgebouw aan het de Brouckèreplein; de Bank Lambert en het Hiltonhotel op de Ringlaan; de Madoutoren op het Madouplein; het reeds gedeeltelijk verwezenlijkte Manhattancomplex aan het Rogierplein; het Berlaimontcomplex, zetel van verschillende Europese instellingen aan het Rond Punt van de Wetstraat.

Hiernaast zijn er nog de talrijke, overigens zeer rijke musea: de Koninklijke Musea voor Schone Kunsten (schilder- en beeldhouwkunst); de Musea voor Kunst en Geschiedenis van het Jubelpark (Romeinse, Griekse, Indiase, Precolumbiaanse, Egyptische e.a. afdelingen); het reeds genoemde Instrumentenmuseum; het Wapenmuseum van de Hallepoort enz.

Buiten de stadskern verdienen nog vermeld te worden: het Koninklijk Paleis te Laken, residentie van de koninklijke familie; het Erasmushuis en de Sint-Pieterskerk te Anderlecht; het gebouwencomplex van de Abdij Ter Kameren (18de eeuw), de kasteelhoeve Karreveld te Sint-Jans-Molenbeek; de overblijfselen van de Abdij te Vorst; het Museum voor Centraal-Afrika te Tervuren enz.

DOORNIK

Sterk gehavend tijdens de laatste wereldoorlog, bleven toch de allerbelangrijkste kunstwerken bewaard, o.m. de prachtige romaanse Kathedraal met zijn vijf torens en gotisch koor; het Belfort (12de eeuw), het oudste van België; de Sint-Quintinus-, de Sint-Jacobs- en de St.-Piatkerken (13de eeuw), de kerken Sint-Niklaas en St.-Brice (12de eeuw); het archeologisch museum; het Musée de la Vie Wallonne; talrijke oude, romaanse, gotische en barok- of rococohuizen.

GENT

Tijdens de middeleeuwen hoofdstad van het graafschap Vlaanderen, is Gent thans een der mooiste en meest karakteristieke steden van België.

Vier merkwaardige monumenten beheersen met hun torens het centrum van de stad: de Sint-Niklaaskerk (13de eeuw), de Sint-Michielskerk (16de eeuw), het Belfort met de Hallen (13de-14de eeuw) en de Sint-Baafkathedraal (13de-14de eeuw).

Nog steeds in het stadscentrum, vinden wij het Gravensteen (12de eeuw), het Geraard-Duivelsteen (13de eeuw), de middeleeuwse Stenen in de nabijheid van het gotisch-renaissancestadhuis, de gotische Vleeshalle, talrijke middeleeuwse, renaissance- en barokgebouwen, o.m. de Sikkel en de Achter-Sikkel, het hotel d'Hane-Steenhuyse, de overblijfselen van de Bijloke, de Sint-Baafs-, de Sint-Pieters- en de Baudeloabdijen, het rustieke en fraai gerestaureerde Klein-Begijnhof enz.

Belangrijke musea zijn: het Museum voor Schone Kunsten (schilder- en beeldhouwwerk), het folkloremuseum, het Bijlokemuseum (fresco's, schilderijen en beeldhouwwerk).

LUIK

In de onmiddellijke nabijheid van de Ardennen, aan de oevers van de Maas en in een schitterend landschap gelegen, bezit Luik talrijke getuigenissen die herinneren aan het glorierijk verleden van de stad.

Tot de belangrijkste kerken behoren: de romaanse Bartholomeuskerk (doopvont van Renier van Hoei) de Sint-Antoniuskerk (13de-18de eeuw); de Sint-Janskerk (romaanse toren).

gothique; le beffroi baroque et les restes de l'ancienne résidence des comtes.

Mons possède aussi de riches musées: le Musée du chanoine Puissant (archéologie), le «Musée de la vie Montoise»; le Musée d'Histoire naturelle.

NAMUR

Jadis chef-lieu du comté, actuellement de la province, merveilleusement située à l'embouchure de la Sambre et de la Meuse, Namur est dominée par sa magnifique citadelle (17e siècle). Dans la vieille ville nous trouvons le Musée archéologique dans l'ancienne Boucherie; la maison des Sœurs de Notre-Dame, avec les travaux d'orfèvre, uniques, de Hugo d'Oignies (12e siècle); le Beffroi (14e siècle); la cathédrale Saint-Aubain (18e siècle); l'hôtel de Groesbeeck de Croix (18e siècle), etc.

TOURNAI

Quoique très endommagée pendant la dernière guerre mondiale, les plus importantes œuvres d'arts furent cependant épargnées, e.a. la magnifique cathédrale romane avec un transept en style roman et couronné de cinq tours; le plus ancien Beffroi (12e siècle) de la Belgique; les églises de Saint-Quentin, de Saint-Jacques et de Saint-Piat (13e siècle); les églises de Saint-Nicolas et de Saint-Brice (12e siècle); le Musée d'Archéologie, le Musée de la «Vie Wallone»; un grand nombre d'anciennes maison de style roman, gothique, baroque et rococo.

LES AUTRES VILLES D'ART

Ce serait un travail de bénédictin de citer et certainement de décrire en détail toutes les grandes et petites villes qui, considérées d'un point de vue artistique, sont souvent plus importantes que certaines précitées.

Nous voulons néanmoins essayer d'en nommer, par province, les plus importantes ou en tout cas attirer l'attention sur des villes moins connues et ayant toutefois un riche passé culturel.

PROVINCE D'ANVERS

Cette province compte également quelques villes d'art importantes comme p. ex. **Lierre,** avec son hôtel de ville du 18e siècle, son Beffroi gothique, son église Saint-Gommaire, de même qu'un des béguinages les mieux conservés en Belgique; la ville importante de **Malines,** très riche en anciens bâtiments et en souvenirs historiques: la cathédrale Saint-Rombout (15e siècle); l'église gothique de Notre-Dame-au-delà-de-la-Dyle, l'église de Hanswyck (17e siècle), l'hôtel de ville et la halle aux Draps (14e siècle). l'ancien palais de Marguerite d'Autriche, l'hôtel Busleyde, l'ancienne maison des Echevins (actuellement les archives), de nombreuses maisons anciennes, e.a. le Saumon et la maison du Diable, le long de la Dyle.

BRABANT

Dans le sud de la province de Brabant se situent des villes d'art comme: **Nivelles** (église romane de Sainte-Gertrude avec, en-dessous de l'actuelle église, les restes d'anciennes églises mérovingiennes) et **Hal,** avec sa magnifique basilique Notre-Dame, en style gothique, et son hôtel de ville renaissance; dans le nord-est du Brabant nous attendent **Tirlemont** avec son église Notre-Dame-du-Lac et **Leau,** un pôle d'attraction dans le Brabant (unique ensemble du Moyen Age, avec l'église Saint-Léonard gothique, un vrai musée de sculpture, d'orfèvrerie et de broderie, l'hôtel de ville du 16e siècle, la halle aux Draps et de nombreuses maisons anciennes), **Aarschot** avec son église

Belangrijke burgerlijke gebouwen zijn: het 16de-eeuwse Prinsbisschoppelijk Paleis met zijn twee uitgestrekte binnenpleinen en overwelfde gaanderijen; het Perron (18de eeuw, symbool van de gemeentelijke vrijheden); het imposante Curtiushuis, een ruime patriciërswoning uit de 18de eeuw, tevens museum. Tot de belangrijkste musea behoren: het Museum voor Schone Kunsten; het Grétrymuseum en het Museum van het Waalse leven.

NAMEN

Destijds hoofdstad van het graafschap, thans van de provincie, prachtig gelegen aan de samenloop van Samber en Maas, wordt Namen beheerst door haar machtige citadel (17de eeuw).

In de oude stad vinden wij het Archeologisch Museum, ondergebracht in het voormalige Vleeshuis; het Huis der Zusters van O.-L. Vrouw, met uniek goudsmeedwerk van Hugo d'Oignies (12de eeuw); het Belfort (14de eeuw); de Sint-Albanuskathedraal (18de eeuw); het Hotel de Groesbeek de Croix (18de eeuw), enz.

DE OVERIGE KUNSTSTEDEN

Het zou onbegonnen werk zijn alle grote en kleine steden die, van artistiek standpunt uit gezien, vaak belangrijker zijn dan sommige van de hierboven genoemde plaatsen te vernoemen, laat staan hun vaak zeer belangrijk artistiek patrimonium gedetailleerd te bespreken. Toch willen we trachten de belangrijkste, gerangschikt per provincie, enigermate te belichten, of dan toch de aandacht te vestigen op minder bekende steden met een rijk cultuurhistorisch verleden.

PROVINCIE ANTWERPEN

Deze provincie bezit eveneens een paar belangrijke kunststeden. Zo bv. **Lier,** met zijn 18de-eeuws Stadhuis, gotisch Belfort en Sint-Gummaruskerk, benevens een der best bewaarde Begijnhoven van België; de belangrijke stad **Mechelen,** die zeer rijk is aan oude gebouwen en historische herinneringen: de Sint-Romboutskathedraal (15de eeuw), de gotische kerk O.-L.-Vrouw-over-de-Dijle, de Hanswijkkerk (17de eeuw), het Stadhuis en de Lakenhalle (14de eeuw), het voormalige Paleis van Margareta van Oostenrijk, het Hotel Busleyden, het oude Schepenhuis (thans archief), talrijke oude huizen, o.m. de Zalm en het Duivelshuis langsheen de Dijle.

BRABANT

In Zuid-Brabant liggen de kunststeden **Nijvel** (romaanse Sint-Gertrudiskerk, met onder de huidige kerk overblijfselen van de vroegere Merovingische Kerken) en **Halle,** met zijn mooie gotische O.-L.-Vrouwebasiliek en renaissance-Stadhuis; Noord-Oost-Brabant telt naast **Tienen,** met zijn O.-L.-Vrouw-ten-Poelkerk, de Brabantse toeristische parel **Zoutleeuw** (uniek middeleeuws ensemble met de gotische Sint-Leonarduskerk, een echt museum van beeldhouwkunst, zilversmeedwerk, en borduurwerk, het 16de-eeuwse Stadhuis, de Lakenhalle en vele oude huizen), **Aarschot** met zijn gotische O.-L.-Vrouwekerk (prachtig koorgestoelte en laat-gotisch doksaal) en Stad-

gothique Notre-Dame (magnifiques stalles et jubé en gothique tardif) et son hôtel de ville et **Diest,** avec l'église de Saint-Sulpice, les halles du 14e siècle, l'hôtel de ville (18e siècle) et un béguinage en parfait état de conservation.

Un autre centre d'art important est la vieille ville universitaire **Louvain:** hôtel de ville gothique, église Saint-Pierre (13e siècle), église Sainte-Gertrude, église Saint-Michel (17e siècle) avec la plus belle façade baroque de nos régions, halles gothiques, béguinage, nombreuses maisons anciennes et bâtiments d'université.

LA FLANDRE ORIENTALE

Alost, la ville de Thierry Martens, avec la maison scabinale (13e-16e siècle), le beffroi (15e siècle) avec carillon, le magnifique hôtel de ville du 18e siècle, l'église Saint-Martin (15e siècle); **Termonde,** avec son hôtel de ville et son beffroi (14e siècle), son béguinage et son palais de Justice (1924); **Ninove,** et son église abbatiale élancée (17e-18e siècle); **Grammont,** avec l'hôtel de ville (14e siècle), l'église Saint-Bartholomée (15e-19e siècle), l'abbaye Saint-Adrien (18e siècle); la ville d'art importante **Audenaerde,** avec l'église Sainte-Walburge (13e-15e siècle). le célèbre hôtel de ville, un chef-d'œuvre de l'architecture belge (16e siècle), l'église Notre-Dame de Pamele (13e-16e siècle), la maison de Marguerite de Parme, la fontaine Marie-Louise du 19e siècle; **Saint-Nicolas,** avec son hôtel de ville néo-gothique et ses belles maisons anciennes sur la Grand-Place, la plus vaste de Belgique.

LA FLANDRE OCCIDENTALE

Dans le hinterland de la côte, on trouve d'importantes villes d'art, qu'on aurait intérêt à visiter après la ruée des vacances d'été, si on veut jouir pleinement de l'atmosphère typique de ces villes. Une des plus jolies et des plus caractéristiques est la ville, jadis riche, de Furnes, avec son hôtel de ville renaissance et son palais de Justice du 17e siècle, une tour espagnole (15e siècle), la Halle aux Viandes (17e siècle), l'église Sainte-Walburge (13e-15e siècle), l'église Saint-Nicolas (15e siècle) et de nombreuses vieilles maisons; presque complètement détruite pendant la 1re guerre mondiale, la ville d'**Ypres** a été remarquablement bien restaurée, et montre fièrement sa halle et son beffroi (13e-14e siècle), la cathédrale Saint-Martin (13e-16e siècle), sa Halle aux Viandes (13e-15e siècle), la maison Biebuyck (1544); **Dixmude** avec l'église de Saint-Martin et l'hôtel de ville, tous deux du 14e siècle et reconstruits après la guerre de 1914-1918; la riche ville d'art **Courtrai** avec son élégant hôtel de ville gothique (16e siècle), son église Notre-Dame (13e-14e siècle), son beffroi (14e siècle), l'église Saint-Martin (13e siècle), les «Broeltorens» (14e-15e siècle).

LA PROVINCE DU HAINAUT

Cette province compte, outre Mons et Tournai, encore quelques villes plus petites comme **Ath,** avec son hôtel de ville du 17e siècle, sa tour Burbant (12e siècle) et ses maisons anciennes; **Soignies,** avec l'église de Saint-Vincent, une des églises romanes les plus célèbres de la Belgique; **Binche** avec ses enceintes du Moyen Age et son hôtel de ville (1554).

LA PROVINCE DE LIEGE

Les villes d'art importantes sont les suivantes: **Huy,** avec son église collégiale gothique et son trésor (châsses magnifiques), son hôtel de ville (1765), sa fontaine «Bassinia» et son église Saint-Mengold (13e-16e siècle); **Eupen** avec l'église Saint-Nicolas (1727), l'hôtel de ville (1776) et quelques belles maisons de maître du 18e siècle; **Malmédy,** fort endommagée pendant la dernière guerre, cette ville possède encore une église abbatiale impressionnante du 18e siècle; à **Stavelot,** outre les ruines d'une abbaye du 18e siècle, se trouvent encore l'église Saint-Sébastien avec la châsse précieuse de Saint-Remacle (13e siècle), un Musée Guillaume Apollinaire et le Musée du tannage.

huis en **Diest,** met de gotische Sint-Sulpitiuskerk, 14de-eeuwse Hallen, Stadhuis (18de eeuw) en een goed bewaard en uitgestrekt Begijnhofcomplex. Nog een zeer belangrijk kunstcentrum is de oude universiteitsstad **Leuven:** gotisch Stadhuis en Sint-Pieterskerk (13de eeuw), Sint-Gertrudiskerk, 17de-eeuwse Sint-Michielskerk die overigens de mooiste barokgevel bezit uit onze gewesten, gotische Hallen, Begijnhof, talrijke oude huizen en universiteitsgebouwen.

PROVINCIE HENEGOUWEN

Deze provincie telt, naast **Bergen** en **Doornik** nog een paar kleinere steden o.m. **Ath,** met 17de-eeuws Stadhuis, zijn Burbanttoren (12de eeuw) en oude huizen; **Soignies,** met de Sint-Vincentiuskerk, een der beroemdste romaanse kerken van België; **Binche** met zijn oude, middeleeuwse ommuring en Stadhuis (1554).

PROVINCIE LIMBURG

Eerst kortgeleden voor het toerisme ontsloten, bezit deze provincie tal van verborgen schatten die het verdienen meer in het daglicht te worden gesteld.

Een der belangrijkste kunststeden van deze provincie is ongetwijfeld **Maaseik,** beroemd om zijn vele Maaslandse huisgevels (17de eeuw), zijn oude Apotheek, tevens gemeentemuseum, de kerkschat van Aldeneik met de beroemde Codex Eyckensis (8ste eeuw), goud- en zilversmeedwerk, de goed bewaarde romaanse kerk van Aldeneik; in de provinciehoofdstad **Hasselt** vinden wij, naast enkele mooie oude huizen (o.m. de Apotheek op de Grote Markt), het gerestaureerde Stadhuis (een patriciërshuis uit de 18de eeuw), het Begijnhof, de Sint-Quintinuskerk (13de-19de eeuw), de 18de-eeuwse O.-L.-Vrouwekerk; meer naar het Zuiden toe liggen **Sint-Truiden,** met 18de-eeuws Stadhuis en Belfort (1616), gerestaureerde romaanse Sint-Gangulfuskerk, Begijnhof (17de-18de eeuw) en **Tongeren,** samen met **Doornik** de oudste steden van België (gotische O.-L.-Vrouwekerk met beroemde kerkschat en romaans kloosterpand, Romeinse en middeleeuwse vestingmuren, Begijnhof en een zeer belangrijk Gallo-Romeine museum.

PROVINCIE LUIK

Deze provincie telt als belangrijke kunststeden: **Hoei** met zijn gotische collegiale kerk en kerkschat (prachtige reliekschrijnen), Stadhuis (1765), Fontein «Bassinia» en Sint-Mengoldkerk (13de-16de eeuw); **Eupen** met de Sint-Niklaaskerk (1727), Stadhuis (1776) en enkele mooie herenhuizen uit de 18de eeuw; **Malmédy,** dat zwaar te lijden had tijdens de jongste wereldoorlog, bezit nog een indrukwekkende Abdijkerk uit de 18de eeuw; **Stavelot** telt, naast overblijfselen van de 18de-eeuwse Abdij; nog de Sint-Sebastiaankerk met het kostbare reliekschrijn van St.-Remacle (13de eeuw), een Guillaume Apollinaire- en een leerlooierijmuseum.

PROVINCIE LUXEMBURG

Aarlen, de hoofdstad van de provincie, bezit een archeologisch museum; **Virton** zijn «Musée Gaumais»; **Bouillon** zijn versterkt Kasteel (11de-19de eeuw), zijn bastions en zijn Gravenmuseum.

PROVINCIE NAMEN

Een der fraaiste kunststeden van deze provincie is het prachtig gelegen Maastadje **Dinant** dat, naast een gotische O.-L.-Vrouwekerk, nog een fraai 17de-eeuws Stadhuis en een Citadel bezit.

PROVINCIE OOST-VLAANDEREN

Aalst, de stad van Dirk Martens, met het Schepenhuis (13de-16de eeuw), het Belfort (15de eeuw) met beiaard, het fraaie 18de-eeuwse

LA PROVINCE DU LIMBOURG

Bien que découvert depuis seulement peu de temps par le tourisme, cette province possède des trèsors cachés qui gagnent à être mis davantage au grand jour. Une des villes d'art les plus importantes de cette province est sans aucun doute **Maaseik**, célèbre pour ses nombreuses façades mosanes (17e siècle), sa pharmacie ancienne à la fois Musée communal, le trésor d'église de Aldeneik contenant le fameux Codex Eyckensis (8e siècle) et de l'orfèvrerie, l'église romane très bien conservée de Aldeneik; **Hasselt** est le chef-lieu de la province. On y trouve, outre quelques belles maisons anciennes (une maison patricienne du 18e siècle), le béguinage, l'église Saint-Quentin (13e-19e siècle), l'église Notre-Dame du 18e siècle; plus au sud se trouvent **Saint-Trond**, avec son hôtel de ville du 18e siècle et un Beffroi (1616), l'église romane restaurée de Saint-Gangulphe, un béguinage (17e-18e siècle), et **Tongres**, avec Tournai les villes les plus anciennes de la Belgique (église Notre-Dame construite en style gothique, contenant un célèbre trésor et un cloître roman, des enceintes romaines et médiévales, un béguinage et un Musée Gallo-romain très important.

LA PROVINCE DU LUXEMBOURG

Arlon, chef-lieu de la province, possède un Musée d'archéologie; **Virton**, son «Musée Gaumais»; **Bouillon**, sa forteresse (11e-19e siècle), ses bastions et son musée Ducal.

LA PROVINCE DE NAMUR

Une des plus belles villes d'art de cette province est Dinant, joliment située sur la Meuse et possédant une église Notre-Dame gothique, un magnifique hôtel de ville du 17e siècle et une citadelle.

Stadhuis, de Sint-Martenskerk (15de eeuw); **Dendermonde** met zijn Stadhuis en Belfort (14de eeuw), Begijnhof en Paleis van Justitie (1924); Ninove met zijn rijzige Abdijkerk (17de-18de eeuw); **Geraardsbergen,** met Stadhuis (14de eeuw), Sint-Bartholomeuskerk (15de-19de eeuw) en Sint-Andriaansabdij (18de eeuw); de belangrijke kunststad **Oudenaarde**, met de Sint-Walburgiskerk (13de-15de eeuw), het beroemde Stadhuis, een meesterwerk van Belgische bouwkunst (16de eeuw), de O.-L.-Vrouw-van-Pamelekerk (13de-16de eeuw), het zgn. Huis van Margareta van Parma, de 19de-eeuwse Maria-Louisafontein; **Sint-Niklaas** met zijn neo-gotisch Stadhuis en zijn prachtige oude huizen op de Grote Markt, de grootste van België.

PROVINCIE WEST-VLAANDEREN

Belangrijke kunststeden liggen in het kust-hinterland, dat men best bezoekt na de vakantie-zomerdrukte, zo men ten volle wil genieten van de typische kleinstadatmosfeer van deze steden. Een der mooiste en meest karakteristieke ervan is het destijds rijke **Veurne** met zijn renaissance-Stadhuis en 17de-eeuws Paleis van Justitie, de Spaanse toren (15de eeuw), de Vleeshalle (17de eeuw), de Sint-Walburgiskerk (13de-15de eeuw), de Sint-Niklaaskerk (15de eeuw) en talrijke oude huizen; het tijdens de eerste wereldoorlog omzeggens volledig vernielde **Ieper** dat, uitzonderlijk goed gerestaureerd, opnieuw prijkt met zijn Halle en Belfort (13de-14de eeuw), de Sint-Martinuskathedraal (13de-16de eeuw), het Vleeshuis (13de-15de eeuw), het huis Biebuyck (1544); **Diksmuide**, met de Sint-Martinuskerk en het Stadhuis, beide uit de 14de eeuw en heropgebouwd na de oorlog van 1914-18; de rijke kunststad **Kortrijk** met haar sierlijk gotisch Stadhuis (16de eeuw), haar O.-L.-Vrouwekerk (13de-14de eeuw), het Belfort (14de eeuw), de Sint-Martinuskerk (13de eeuw), de Broeltorens (14de-15de eeuw).

KURZGEFASSTE GESCHICHTE BELGIENS

Mit der ursprünglichen, von Julius Cäsar so genannten Urbevölkerung, hat der heutige Einwohner nicht mehr viel gemein als den Namen. Der Volksstamm, den Cäsar in seinem «De Bello Gallico» als den tapfersten unter den Galliern rühmte, wurde im 5. Jahrhundert von den Germanen überrumpelt.

DIE FRÜHESTEN ZEITEN

Das Kerngebiet, das später Belgien werden sollte, wurde bereits frühzeitig besiedelt. Ausgrabungen u.a. im Maastal brachten zahlreiche Spuren menschlicher Anwesenheit an das Licht (u.a. das Skelett des Neanderthalers von Spy, 1.500.000 bis 75.000 vor Chr.). Auch Dolmen und Menhire aus dem 5. bis 3. vorchristlichen Jahrtausend blieben erhalten (u.a. zu Wéris). Auch hat man festgestellt, dass in der Bronze-und Eisenzeit Erz in den Ardennen gefördert wurde.

BEGINN DES 1. JAHRHUNDERTS

Die Bewohner des späteren Kerngebiets von Belgien waren keltischen Ursprungs, vermischt mit germanischen Zügen. Trotzdem waren die Sitten und Gebräuche stark gallisch gefärbt.

Es schien Cäsar eine Kleinigkeit, diese unabhängig voneinander lebenden Stämme, einen nach dem anderen, zu unterwerfen, und auf diese Weise seine Eroberung von Gallien zu vollenden. Dennoch dauerte es sieben lange Jahre, um den Widerstand dieser Stämme zu brechen. Boduognat und Ambiorix waren die Namen der Helden des Freiheitskampfes, die noch immer unvergessen sind.

Vier Jahrhunderte behielt Rom diese Gebiete im Griff, lange genug, um die Bewohner zu echten Gallo-Römern werden zu lassen. Im dritten Jahrhundert brachten die inneren Wirren im Römischen Reich eine Schwächung der Grenzverteidigung mit sich. Die Folge hiervon war, dass zu Beginn der zweiten Hälfte des dritten Jahrhunderts fränkische Horden ungestraft in Nordgallien einfallen und plündern konnten. Bald drangen die Franken für immer in unsere Gebiete ein und so wurde Nordbelgien über die grosse römische Strasse Bavay-Köln langsam aber sicher von germanischen Eindringlingen besiedelt.

VOM EINFALL DER GERMANEN BIS ZUM 8. JAHRHUNDERT

Für die Römer war das 5. Jahrhundert besonders verhängnisvoll. Germanische Eindringlinge überrumpelten das ganze Weströmische Reich. Der Franke Chlodwig nutzte dies, um die gesamten Gebiete ungestört zu erobern. Als er starb, erstreckte sich das neue fränkische Reich von der Weser bis zu den Pyrenäen. Der römische Einfluss war so gut wie ganz ausgeschaltet, aber merkwürdigerweise blieb die Romanisierung Galliens fast erhalten.

A SUMMARY OF THE COUNTRY'S HISTORY

The present inhabitants have but little in common with the original population as mentioned by Julius Caesar. The old tribes which Caesar called the bravest one among the Gallics in «De Bello Gallico» were run over by the Germans in the 5th century.

THE BEGINNINGS

The territories which, in later times, were to become Belgium, were inhabited at a very early stage. Excavations, i.a. in the Meuse valley, have revealed numerous traces of human activities (such as the Neanderthaler skeleton at Spy, 150,000 to 75,000 years B.C.). Dolmens and menhirs dating from the 5th to 3rd millenium also have been preserved (i.a. at Wéris).
Ores were being mined in the Ardennes during the bronze and iron ages.

FROM THE Ist CENTURY ONWARDS

The inhabitants in the regions which later would form Belgium were of Celtic origin, mixed with Germanic elements. Their practices and habits, nevertheless, were strongly marked by Gallic features.

Submitting these losely connected tribes one by one in order to complete his conquest of Gaul seemed to Caesar a matter of a mere excursion. It took him, however, seven long years to break the tribes' resistance, and the names of leaders like Boduognat and Ambiorix remain symbols of determination towards freedom in our regions. For four centuries they remained under Rome's authority, long enough for turning the inhabitants into fully-fledged Gallo-Romans.

Internal disorders within the Roman Empire from the 3rd century onwards resulted in a weakened defence at the borders. As a result, and from the mid-3rd century onwards, Frankish gangs could loot with impunity Northern Gaul. This marked the Franks' infiltration in the territory, Northern Belgium being gradually populated by Germanic invaders to the North of the major Roman road connecting Bavay with Cologne.

FROM THE GERMAN INVASIONS TO THE 9th CENTURY

The 5th century marked the doom of the Romans. German invaders spread over the whole Western Roman Empire. Starting from Tournai, Clovis began the conquest of the territory, and at the time of his death the new Frankish Empire had spread from the river Weser to the Pyrenees. Roman influence practically was nullified, but the Gaul's romanisation, strangely enough, remained almost intact.

UNA HISTORIA DE BÉLGICA A VISTA DE PÁJARO

Los actuales habitantes de Bélgica ya no tienen mucho más en común con los primitivos pobladores, mencionado por Julio Caesar, que su nombre. Los pueblos que Caesar llamó en su «De Bello Gallico» los más valerosos entre los Galos fueron invadidos en el siglo V por los germanos.

LOS TIEMPOS MÁS REMOTOS

El territorio que posteriormente habría de llamarse Bélgica ha sido habitado desde los tiempos más remotos. Por eso, excavaciones hechas en la cuenca del Mosa han sacado a la luz numerosas huellas de actividad humana (entre otros el esqueleto neandertalense de Spy, 150.000 a 75.000 años ante de J.C.). Por otra parte, dólmenes y menhires se remontarían al V½ milenario (entre otros los de Wéris). En las edades del Bronce y del Hierro, hubieron explotaciones mineras en las Ardenas.

A PARTIR DEL SIGLO I

Los primeros habitantes de nuestras regiones eran de origen céltico, pero mezclados a elementos germánicos, manteniendo no obstante hábitos célticos.

Para Julio Caesar había de serle muy facil aparentemente, avasallar a todas estas hordas, lo que no impide sin embargo que fueron necesarios siete años para subyugarlos completamente y acabar así con la conquista de las Galias. En nuestras regiones los nombres de Boduognat y de Ambiorix han permanecido como símbolos de paladines de la libertad.

Durante cuatro siglos nuestras regiones quedaron sometidas a Roma, lo suficiente para convertir a sus habitantes en perfectos galorromanos.

A raíz del siglo III, disturbios interiores acarrearon un ablandamiento de la defensa en las fronteras del Imperio, y desde la segunda mitad del siglo III bandas armadas francas pudieron impúnemente asolar el Norte de Galia. Fue el principio de las invasiones francas, de modo que al norte de la gran carretera Bavay-Colonia Bélgica empezó a germanizarse.

DESDE LAS INVASIONES GERMÁNICAS HASTA EL SIGLO IX

El siglo V resultó fatal para los romanos. Invasiones germánicas irrumpieron en el Imperio Romano de Occidente entero.

Partiendo de Tournay el rey franco Clodoveo comenzó sus conquistas y al morirse el nuevo Reino Franco se extendía desde el Weser hasta los Pirineos. La influencia romana desapareció casi completamente, pero por sorprendente que parezca la romanización de Galia no sufrió practicamente ningún daño.

Im Laufe des 6. Jahrhunderts wurde das Reich von Chlodwig aufgeteilt in Austrasien und Neustrien. Das östliche Belgien wurde von Austrasien einverleibt, das westliche dagegen kam zu Neustrien, was mit sich brachte, dass unsere Gebiete unmittelbar unter den blutigen Streitigkeiten zwischen den Machthabern der beiden Länder zu leiden hatten.

Im 7. Jahrhundert erschienen die sogenannten «faulen» Könige im Rampenlicht der Geschichte. Damit begann eine Periode von materiellem Verfall, während der die Hausmeier sich allmählich die Macht und schliesslich selbst die Krone aneigneten. Sie bildeten die Pippinfamilie, mit ihrem bedeutendsten Vertreter Karl dem Grossen (771-814), von dem das Karolingische Herrscherhaus seinen Namen hat.

Karl der Grosse wurde im Jahre 800 in Rom zum Kaiser gekrönt. Durch ihn erlebte das Reich einen ungemein reichen kulturellen Aufstieg auf christlich-germanischer Grundlage, während die wirtschaftliche Struktur die einer Domäne blieb, nämlich eine in sich geschlossene Wirtschaft. Das Reich Karls des Grossen, wie auch die kulturelle Blütezeit, deren Gründer und Förderer er war, war nur von kurzer Dauer. Die Ursachen hierfür waren die innere Uneinigkeit und die Einfälle der Normannen. Da die Schelde die Grenze zwischen den östlichen und westlichen Gebieten Flanderns bildete, fiel ein grosser Teil der beiden Flandern auf diese Weise an Frankreich, während die östlichen Gebiete zu Deutschland kamen. Der Vertrag von Verdun legte die Grenzen von Staaten fest, deren Geschichte über mehr als ein Jahrtausend einen ebenso tragischen wie auch heroischen Verlauf haben sollte.

VOM 9. BIS ZUM 14. JAHRHUNDERT

Das 9. Jahrhundert wurde Zeuge der endgültigen Auflösung des Karolingischen Reiches und der Zersplitterung der Niederlande. Eine Tatsache wurde auch das Entstehen der Provinzen als Lehen im 10. und 11. Jahrhundert. Die Staatsgewalt war zu Gunsten des Adels beinahe ganz verschwunden.

Zum ersten Male zeigte sich der Drang nach Selbständigkeit, die später, allerdings erst nach Jahrhunderten, für Belgien Wirklichkeit werden sollte.

Die wirtschaftliche Revolution des 11. und 12. Jahrhunderts erfasste. ganz Europa wobei Flandern einen ausserordentlichen Aufstieg erlebte, indem neue Jahrmärkte errichtet wurden und an den wichtigsten Schnittpunkten der Handelswege und Flüsse neue Städte entstanden. Privilegien und wirtschaftliche Sicherheiten wurden von den Fürsten erzwungen. Die Stadt wurde ein Staat im Staate, deren Macht und Reichtum sich in prachtvollen profanen und kirchlichen Bauten wie Kirchen, Rathäuser, Hallen und Bergfriede äusserte. Der Tuchhandel wurde die erste grosse Industrie und stellte hochwertige Gewebe her, die nach Deutschland, Frankreich, England

During the 6th century Clovis's Empire was split into Austrasia and Neustria. The East of Belgium was incorporated into Austrasia, and Western Belgium into Neustria. This implies that our regions were closely involved in the murdering wars between the leaders in the two blocks.

By the 7th century the so-called «lazy kings» are entering the stage. It was a time of material decadence, during which the mayors of the court gradually took over power, and ultimately, the crown (The Pippin family, whose main representative — Charlemagne, 771-814, — gave his name to the Carlovingian dynasty). Charlemagne was crowned emperor in Rome, anno 800. Under his authority the Empire witnessed an exceptional cultural development, on a double, christian, and Germanic base. The economic structure retained the domanial system, or one of closed economics.

Charlemagne's empire, with the cultural renaissance of which he had been the promotor, did not hold out long, owing to internal conflicts, and invasions by the Normans.

Because the river Scheldt was the boundary between Eastern and Western territories, the best part of the two Flanders fell to France, whereas the Eastern areas were incorporated into Germany. The Treaty of Verdun was to lay down the boundaries of the states whose history during the ensuing thousand years would be both tragic, and heroic.

9th TO 14th CENTURY

The 9th century witnessed the final dissolution of the Carlovingian Empire and the cutting up of the Low Countries. By the 10th and 11th centuries, however, regional feudal states began to emerge. State authority had practically disappeared, with the aristocracy increasingly taking power in their own hands. For the first time we are encountering the urge for autonomy which will become a fact in Belgium many centuries later.

The 11th and 12th centuries were further marked by an economic revolution spreading over Europe as a whole. Flanders is being favoured by an unusual prosperity : annual markets are being organized, and cities are being created on the main cross points of roads and rivers. Privileges and guarantees are being extorted from the princes. The city develops into a state-within-the-state, whose power and wealth are being reflected in prestigious civil and religious buildings : churches, city halls, trading markets, and belfries. The cloth trade emerges as the first major industry, producing quality goods for export to Germany, France, England, and even the East. A new class is emerging, the traders' class, with open capita-

En el transcurso del siglo VI, el reino de Clodoveo quedó dividido en Austrasia y Neustria. El Este de Bélgica pasó a ser una parte de Austrasia, mientras que el Oeste dependió de Neustria, lo que significa que nuestras regiones se verían íntimamente ligadas a las cruentas contiendas entre los dueños de ambos bloques.

El siglo VII vió la aparición de lo que está convenido en llamar los «reyes vagos» que representan un período de decadencia material durante el cual los mayordomos de palacio se adueñaron poco a poco del poder y finalmente de la corona. Formaron la dinastía de los Pipinides cuyo más eminente representante, Carlomagno (771-814) dió su nombre a la dinastía carolingia.

Carlomagno fue consacrado emperador en Roma en el año 800. Durante su reinado el país conoció un prodigioso impulso cultural basado a la vez en la fe cristiana y la germánica, mientras que la estructura económica siguió siendo la del sistema dominial, o sea de economía cerrada.

El imperio de Carlomagno así como el renacimiento cultural del que fuera instigador fueron de corta duración. De ello son responsables las discordias internas y las invasiones de los normandos.

Debido a que el Escalda formaba la frontera entre el Este y el Oeste, gran parte de las dos Flandes dependería de Francia en lo sucesivo, mientras que los territorios al Este del río pasaron a formar parte integrante del imperio germánico. De este modo el Tratado de Verdún estableció las fronteras de estados cuya historia tanto heróica como trágico habría de extenderse por un milenario.

DEL SIGLO IX AL XIV

Si el siglo IX fue testigo de la división definitiva del imperio carolingio y del parcelamiento de nuestras regiones, los siglos X y XI verán el nacimiento de nuevos estados feudales. Por aquel entonces ha desaparecido prácticamente la autoridad central en provecha de la nobleza. Por primera vez experimentamos un deseo de independencia que siglos después se volverá realidad con la creación de Bélgica como país independiente.

Los siglos XI y XII fueron igualmente testigos de una revolución económica que corrió por toda Europa. Flandes conocía una prosperidad extraordinaria: creaban ferias comerciales así como nuevas ciudades en los importantes cruces de carreteras o a orillas de los ríos. Los príncipes concedían, bajo presión, privilegios y garantías económicas. La ciudad había pasado a ser un estado dentro del estado cuyo poderío y riqueza se exteriorizaban en imponentes edificios religiosos y civiles: iglesias, ayuntamientos, mercados y atalayas. La industria pañera se volvió la primera gran industria y producía artículos de lujo que eran exportados hacia Alemania, Francia e Inglaterra, e incluso ha-

und selbst in den fernen Osten ausgeführt wurden. Eine neue Bevölkerungsgruppe entstand, die der Kaufleute, eine ausgesprochen kapitalkräftige Klasse, die bald darauf ein politisches Monopol verlangte. Sie übte die Kontrolle über die Arbeiter aus, die, da sie arm waren und die geringsten Löhne erhielten, völlig von ihnen abhängig wurden. Das änderte sich gegen Ende des 13. Jahrhunderts. Der Zwangspolitik der Kaufleute überdrüssig, schlossen sich die Arbeiter zu Gilden zusammen, um das Joch des herrschenden Standes abzuschütteln. Diese jedoch riefen den französischen König Philipp den Schönen zu Hilfe, der die Gelegenheit ergriff, die königliche Macht wieder herzustellen indem er eine Armee nach Flandern schickte. Der Kampf zwischen «Klauwaarts» (Arbeiterstand) und «Leliaarts» (französierende Bürgerschaft) fiel zu Ungunsten der «Klauwaarts» aus.

Doch diese rächten sich in den berüchtigten «Brugsen Metten» (Mai 1302) und danach in der Schlacht der «goldenen Sporen» (Juli 1302), in der das französische Heer vernichtet wurde. So lässt sich erkennen, dass im Jahre 1302 nicht nur ein politischer sondern auch ein sozialer Streit ausgetragen wurde. Aufs neue entbrannte der Kampf während des Hundertjährigen Krieges. Flandern wird angeführt von dem Volksführer Jakob van Artevelde. Er ist Verfechter einer Neutralitätspolitik gegen den Willen des Grafen von Flandern, der Frankreich zu Hilfe eilen will. Erneut wird es den Herrschern klar, dass nur eine Politik auf nationaler Ebene für ihre Untertanen die einzig mögliche ist. Brabant folgt dem Vorbild von Flandern und erlangt 1356 eine regelrecht demokratische Verfassung.

Im Fürstbischofstum Lüttich garantiert der «Frieden von Fesche» (1316) den Schutz der Untertanen gegen die Willkür des Fürstbischofs. So bedeutete das 14. Jahrhundert für alle belgischen Provinzen den Sieg der Zünfte und das Entstehen einer fortschrittlichen städtischen Demokratie. Diese Entwicklung könnte als eine Art Vorspiel des politischen und sozialen Lebens des heutigen Belgiens angesehen werden. Nur fehlten unseren Gemeinden echte, begabte Politiker und führende Persönlichkeiten, um das Land zu einem vollwertigen geordneten Staat aufzubauen, so wie er es schliesslich zu Beginn der Neuzeit werden sollte.

listic features. They soon will claim political monopoly. This caste exerts control over a proletariat of manual labourers held under total dependence by a regime of low wages.

This changes somewhat by the end of the 13th century. Exasperated by the traders' authoritarian policy, the workers are organizing themselves into corporations wanting to throw off the yoke of the ruling class. The latter appeals to the King of France, Philip the Fair, who in his determination to restore royal power dispatches an army to Flanders. The war between Klauwaarts (working class) and Leliaarts (pro-French bourgeoisie) ends in the disadvantage of the Klauwaarts, but they were to take their revenge during the notorious Bruges Matins (May, 1902) and, subsequently, in the battle of the Gilded Spurs (July, 1902) in which the French army was wiped out.

The 1302 battle was to mark both a political, and a social fight.

Battles again are flaring up in Flanders during the Hundred Years War. A Ghent leader, Jokob van Artevelde, promotor of a policy of neutrality, opposes the Count of Flanders' determination to help France. Rulers once more are experiencing that the only political salvation is one based on the consensus from their subjects.

Brabant follows Flanders' example, obtaining in 1356 a truly democratic constitution.

In the principality-bishopric of Liège the «Peace of Fesche» (1316) protects the subjects against any unjustified initiative on the part of the prince-bishop. The 14th century, therefore, registers in all the Belgian provinces a victory for the corporations, and the emergence of a progressive, municipal democracy. This development can be assessed as a sort of prelude to contemporary political and social life. There was, however, a lack of gifted politicians and leaders, capable of turning the country into a fully-fledged, ordered state, as it was to develop at the outset of the modern period.

cia el Oriente. Nacía una nueva capa social, la de los mercantes que formó una clase netamente capitalista que pronto habría de desempeñar un papel político. Esta casta ejercía su control sobre el proletariado artesano que estaba sometido a un régimen de bajos salarios y que dependía por completo del aludido control.

Intervino cierto cambio hacia fines del siglo XIII. Abrumados por la política de constreñimiento de los mercantes, los obreros se organizaron en gremios que entendían quitarse de encima el yugo de la clase dominante. Esta apeló al rey de Francia Felipe el Hermoso quien estaba decidido a hacer respetar su poder de soberano y que mandó un ejército a Flandes.

La lucha entre Klauwaarts (la clase obrera) y Leliaarts (la burguesía afecta a Francia) resultó desfavorable a los primeros, pero éstos se vengaron en los Maitines Brujenses (mayo de 1302) y se llevaron una brillante victoria en la Batalla de las Espuelas de Oro (julio de 1302), en que el ejército francés quedó hecho pedazos.

En año 1302 no solo conoció una lucha política sino también social. Esta lucha había de renacer durante la Guerra de los 100 Años. A la cabeza de Flandes estaba entonces el tribuno Jacques van Artevelde, de Gante, partidario de una política de neutralidad en oposición al conde de Flandes que entendía ayudar a la Corona francesa. Una vez más se evidenció a los soberanos que solo una política nacional para sus subditos tendría éxito.

Brabante siguió el ejemplo de Flandes y en 1356 se dió una constitución democrática mientras que en el principado de Lieja, la Paz de Fesche (1316) había garantizado ya al pueblo una protección contra toda arbitrariedad del príncipe obispo.

Para todas las provincias belgas el siglo XIV representa el triunfo de los gremios y el advenimiento de una democracia progresista para las ciudades. De allí podemos considerar este estado de cosas como una especie de anticipación de la política socio-económica de la Bélgica actual. A nuestros municipios de entonces sólo les hacían falta verdaderos y talentosos hombres políticos capaces de convertir al país en verdadero estado en donde reinaría el orden como habrían de serlo aquellos que nacieron al principio de los tiempos modernos.

DAS JAHRHUNDERT DER BURGUNDER

Die so lang ersehnte Stabilisierung sollte schliesslich durch die Erzherzöge von Burgund verwirklicht werden. Durch die Heirat von Margarete von Flandern, Tochter Ludwigs von Male, Graf von Flandern, mit Philipp dem Kühnen, Herzog von Burgund, fielen Flandern und Artois dem burgundischen Hause zu. Mit einer zielbewussten Heiratspolitik schufen die burgundischen Herzöge die Grundlage für das Grossburgundische Reich, das alle Gebiete des heutigen Belgiens umfasste. Einzigartig in der Geschichte ist die

THE BURGUNDIANS' CENTURY

The long hoped-for stabilisation eventually was to be achieved by the Dukes of Burgundy. By the marriage between Margaret of Flanders, the daughter of Louis van Male, count of Flanders, with Philip the Bold, Duke of Burgundy, Flanders and Artois passed under the House of Burgundy. By a series of a well conducted marriages, the dukes of Burgundy laid the base of the Grand-Burgundian Kingdom, which included all the provinces in today's Belgium.

EL SIGLO DE BORGOÑA

La estabilización anhelada desde hacía tanto tiempo por fin se realizó con los duques de Borgoña. Con el casamiento de Margarita de Flandes, hija del conde de Flandes Luis de Male, con Felipe el Atrevida, duque de Borgoña, Flandes y Artois quedaron reunidas a la Casa de Borgoña.

Gracias a una hábil política de alianzas matrimoniales, los duques de Borgoña lograron establecer las bases de un estado granborgoñon en el cual quedaron integradas todas las provincias de la actual Bélgica.

ungewöhnlich intensive Blüte, die die belgischen Provinzen zur Zeit der Burgunder erlebten, ein Höhepunkt in der Entwicklung, der nicht allein wirtschaftlich begründet war, sondern auch in die kulturelle und künstlerische Entwicklung der Niederlande ausstrahlte. Das Jahrhundert der Burgunder war auch das der sogenannten flämischen Primitiven ; Kirchen, Rathäuser, Bergfriede, Hallen und Klöster schossen in die Höhe ; eine nicht zu unterdrückende Kulturexplosion erfolgte, die bis weit ins 17. Jahrhundert dauern sollte.

DIE SPANISCHEN HABSBURGER

Leider war der burgundischen Periode keine lange Dauer beschieden. Durch den Tod von Philipps Sohn, Karl dem Kühnen (1477), kam das burgundische Reich durch Heirat in die Hände der Habsburger. Maximilian von Österreich, Gatte von Maria von Burgund, Tochter Karls des Kühnen, sah sich gezwungen, den Streit gegen die Städte wieder aufzunehmen. Weder er noch sein Sohn Philipp der Schöne kümmerte sich sehr um die burgundischen Provinzen, die zu einer Art Randgebiet innerhalb des politischen Planes der spanischen Politik der Habsburger wurden. Doch trat hier mit dem neuen Fürst Karl V., in Belgien besser bekannt als Kaiser Karl (1515-1555), ein Wandel ein. Kaiser Karl, in Gent geboren, der die flämische Sprache beherrschte, war ein volkstümlicher Fürst mit dem Sinn für Pracht und Prunk der Burgunder. Karl V. vereinigte die 17 Provinzen der Niederlande und verlieh ihnen 1548 durch das «Traktat von Augsburg» den Rang eines souveränen Staates. Durch die «Pragmatische Sanktion von Augsburg» (1549) wurden diese Gebiete unzertrennlich miteinander verbunden. Brüssel wurde die Hauptstadt des neuen Staates, der eine zentrale Regierung, einen Staatsrat, sowie einen Finanz- und Privatrat mit gesetzgebender und vollziehender Gewalt erhielt.

Im 16. Jahrhundert, im Zeitalter der Renaissance, erlebten diese Provinzen einen unerhörten wirtschaftlichen und kulturellen Aufschwung. Das Jahrhundert von Erasmus, von H. Bosch und P. Bruegel, von Vesalius und Mercator, war auch ein Jahrhundert von anderen begabten Malern, Bildhauern und Baumeistern. Aber die Blütezeit hatte auch eine Kehrseite, denn noch immer lebten die grossen Massen der Handwerker und Bauern in erbärmlichen Verhältnissen.

Die Unzufriedenheit der unteren Stände, zusammen mit den herrschenden Religionswirren durch das Aufkommen des Protestantismus, war die Ursache von echten Volksbewegungen, denen selbst ein gewiegter Staatsmann wie Karl V. nicht gewachsen war. 1555 verzichtete er zu Gunsten seines Sohnes Philipp auf den Thron. Dieser, als absoluter Monarch von Madrid aus regierend, hat nie die wahren Nöte der 17 Provinzen begriffen. Gegen den zunehmenden Protestantismus stellte er die Inquisitionsbehörden. Der Zwietracht zwischen Katholiken (die sich haupt-

The Belgian regions' expansion under the Burgundians is an almost unique feature in history. It was not confined to economics, but had also a strong impact on culture and the arts in the Low Countries. The Burgundians' century was also marked by the so-called Flemish primitive painters. Churches, city halls, belfries, trading halls and cloisters were being built in an irrestistible, cultural explosion which was to last well into the 17th century.

THE SPANISH HABSBURGS

The Burgundian period, unfortunately, was not to last long. At the death of Philip's son, Charles the Bold, the Burgundian kingdom passed in 1477 by marriage into the hands of the Habsburgs.

Maximilian of Austria, husband of Mary of Burgundy, the daughter of Charles the Bold, was compelled to take up again the war against the city. Neither he himself, however, nor his son Philip the Fair were much concerned about the Burgundian regions, which became a sort of peripheral territory in the political affairs of the Spanish Habsburgs.

This changes somewhat the advent of a new monarch, Charles V, better known in our regions under the name of Emperor Charles (1515-1555). Born in Ghent, and speaking the Flemish language, he was a very popular sovereign in our regions, also because he had inherited the Burgundians' sense of show and splendour. Charles V did unify the 17 provinces of the Low Countries, conferring upon them, by the «Treaty of Augsburg» the rank of an independent and sovereign State (1548). The «Augsburg Pragmatic Sanction» (1549) proclaimed their unseparable unity, Brussels becoming the new state's capital city, with a central government, a Council of States, and a Financial and Private Council with legislating and executive powers.

The 16th century and Renaissance were marked by unprecedented economic and cultural expansion. The century which included Erasmus, Bosch, Bruegel, Vesalius and Mercator, belonged to painters, sculptors, and architects. Prosperity, however, also was overcast by miserable living conditions for manual labourers and farmers. Dissatisfaction among the lower classes, together with religious troubles caused by the advent of protestantism, were at the root of real popular movements which even a clever statesman like Charles V could not contain.

He did abdicate in 1555, passing the crown to his son Philip. This absolute monarch, who ruled from Madrid, never understood the aspirations in our provinces.

He established the inquisition against upcoming protestantism. Discord between catholics (mainly the nobility, the well-to-do bourgeoisie, and the farmers), and protestants (manual labourers, and intellectuals) led to the 1567 civil war.

El período de gran prosperidad que conocieron nuestras provincias durante el reinado de los duques de borgoña es único en la historia. No sólo fue próspero en el plan económico, sino también en lo que se refiere a la evolución artística y cultural de los Países Bajos. En efecto, el siglo de Borgoña ha sido igualmente el de los Primitivos flamencos, a la vez que iban multiplicándose iglesias, ayuntamientos, atalayas, mercados y conventos: fue una verdadera explosión cultural que iba a durar hasta el siglo XVII.

LOS HABSBURGO ESPAÑOLES

Desafortunadamente, el período borgoñon fue de corta duración. Con la muerte, en 1477, de Carlos el Temerario, hijo de Felipe el Bueno, el Círculo de Borgoña cayó, por matrimonio, en manos de los Habsburgo y Maximiliano de Austria, esposo de María de Borgoña, la hija del Temerario, se vió en la obligación de reanudar la lucha contra las ciudades.

En realidad, ni él ni su hijo Felipe el Hermoso se preocuparon mucho por sus provincias borgoñonas que ya no eran más que provincias marginales dentro del conjunta político de los Habsburgo de España.

Sin embargo, sobrevino algun cambio a la hora del advenimiento de Carlos Quinto (1515-1555). Nacido en Gante en 1500 y hablando flamenco, ha sido en nuestras regiones un soberano particularmente popular, teniendo la afición a la opulencia de los Borgoñones, pero también el sentir flamenco del color y el estilo del buen vivir. Con el Tratado de Augsburgo (1548) Carlos Quinto reunió las XVII Provincias de los Países Bajos en un estado soberano e independiente. Por la Pragmática Sanción de Augsburgo (1549), estas provincias quedaban indisolublemente unidas. Bruselas pasó a ser capital del nuevo Estado. Este fue dotado de un gobierno central, de un Consejo de Estado, de un Consejo de Hacienda y de un Consejo Privado con poderes legislativos y ejecutivos.

El siglo XVI y el Renacimiento gratificaron nuestras regiones con un incremento económico y cultural desconocido hasta ese día. El siglo de Erasmo, de Bosch y de Bruegel, de Vesalius y de Mercator fue también el de los pintores, de los escultores y arquitectos. Pero esta prosperidad tenía también su reverso: la gran masa de artesanos y campesinos seguía viviendo en pésimas condiciones. El descontento de las capas inferiores de la población al que es preciso añadir los disturbios religiosos motivados por el advenimiento del protestantismo, está al origen de verdaderos sublevamientos populares cuya represión resultó imposible, inclusive para un hombre tan políticamente advertido como Carlos Quinto. En 1555, abdicó en favor de su hijo Felipe y este monarca absolutista reinando desde Madrid, no logró jamás comprender las verdaderas aspiraciones de nuestras provincias.

sächlich aus dem Adel, der wohlhabenden Bürgerschaft und den Bauern zusammensetzten) und Protestanten (den Handwerkern und Intellektuellen) führte 1567 zum Bürgerkrieg. Philipp II. sandte Alba als Armeeobersten und Bevollmächtigten, um den Aufstand zu unterdrücken. Viele Protestanten verliessen damals das Land. Die Niederlande wurden Schauplatz von Terror mit Schafott und Scheiterhaufen. Ein festes Steuersystem wurde eingeführt. Aber am Lauf der Dinge war nichts mehr zu ändern. Die Spanier, die nicht mehr imstande waren, dieses strenge Regime aufrechtzuerhalten, geschweige denn weiter durchzuführen, milderten ihre Politik. Alexander Farnese, spitzfindiger Diplomat und Feldherr, brachte die Trennung zwischen protestantischem Norden (jetzt die Niederlande) und katholischem Süden zustande. Aber der kulturelle und wirtschaftliche Aufschwung war gebrochen. Während die Niederlande einer neuen Blütezeit entgegengingen, verfielen die belgischen Provinzen. Viele Wissenschaftler und Kaufleute wanderten nach Deutschland oder den Niederlanden aus und wurden infolgedessen in letzterem die Miturheber vom «Goldenem» 17. Jahrhundert der Niederlande.

DAS 17. JAHRHUNDERT

In der Zeit der Regierung der Erzherzöge Albrecht und Isabella (Tochter Philipps II.) erwarben die belgischen Provinzen wieder einen gewissen Schein von Unabhängigkeit. Aber trotzdem war das 17. Jahrhundert ein unheilvolles. Nach dem Tode der Erzherzöge zog Spanien die belgischen Provinzen mit in den Untergang. Dies Land wurde zum Schlachtfeld Europas. Die Schelde wurde gesperrt. Das flandrische Seeland, Nordbrabant und die Gebiete jenseits der Maas gingen endgültig verloren. Französisch-Flandern wie auch der Norden der Provinz Hennegau wurden Frankreich einverleibt. Das 17. Jahrhundert liess ein ausgeblutetes, verarmtes Belgien zurück. Trotzdem pulsierte noch ein starker Lebenswille, der sich in einem ungewöhnlichen Aufblühen der Malerei zeigte und der weltberühmte Genies wie Rubens, Jordaens und Van Dyck hervorbrachte. Auch in der Architektur gab es ausserordentlich befähigte und strebsame Meister.

DIE ÖSTERREICHISCHE PERIODE

Dies war der Zustand der belgischen Provinzen, als sie in den Besitz der österreichischen Habsburger übergingen, die alles taten, um das Land wirtschaftlich wieder auf die Beine zu stellen. Landvogt Karl von Lothringen, Stellvertreter Maria Theresias, bewerkstelligte es, der Wirtschaft wie den Künsten und Wissenschaften neues Leben einzuflössen.
Allerdings missfiel den Belgiern die Art Josephs II., sich in alles einzumischen, und ebenfalls seine Reformsucht, was sich schliesslich 1789 in der Brabanter Revolution entlud. Dieser erste Versuch, ein unabhängiges Belgien zu schaffen, war jedoch nur von kurzer Dauer.

Philip did dispatch Alva, leading an army, and holding discretionary powers for repressing the rebellion. Many protestants did emigrate. The Low Countries were turned into a stage for terror, scaffolds, and stakes. A lasting taxation system was introduced, but the flood was not to be stemmed. The Spaniards, faced with the impossible task of maintaining, and implementing such a regime, did attenuate their policy. Alexander Farnese, a subtle diplomat and military commander, achieved the separation between the protestant North (now the Netherlands), and the catholic South. Both the cultural and economic drive in the South, however, were broken.
While the Netherlands were entering yet another period of prosperity, the Belgian provinces were in full decadence. Many intellectuals, and traders, did emigrate to Germany and Holland, becoming, in the latter country, the co-authors of Holland's 17th «Golden» century.

THE 17th CENTURY

With the arrival of the Arch-dukes Albert and Isabella (a daughter of Philip II), our regions were given back some measure of apparent independence. The 17th century, however, was marked by disasters. After the death of the Arch-Dukes Spain's doom was shared by our provinces, which were promoted to becoming Europe's battle-field. The river Scheldt was cut off, and Zeeland-Flanders, Northern Brabant, and the territories beyond the river Meuse were lost forever. French Flanders, and the North of Hainaut were incorporated into France.

At the end of the 17th century, Belgium was a bloodless, destitute region. The vitality in our provinces, nevertheless, is being attested by the extraordinary blossoming of the art of painting, producing geniuses of world repute such as Rubens, Jordaans, Van Dyck, besides a wealth of architectural achievements.

THE AUSTRIAN PERIOD

Such was the situation when the provinces became the property of the Austrian Hamburgs, who did all in their power to promote an economic revival. Charles of Lorraine, who governed the country on behalf of Maria Theresia, made considerable efforts towards promoting economic activities, and also was a protector of the arts and sciences. Unfortunately, Joseph II's meddlesomeness and reforms did not please the Belgians. The Brabant revolution exploded in 1789. This first attempt towards establishing an independent Belgium was short-lived.

Para oponerse al naciente protestantismo éste instauró la Inquisición. La discordia entre católicos (principalmente la nobleza, la burguesía y los campesinos) y protestantes (los artesanos e intelectuales) condujó a la guerra civil de 1567. Felipe II mandó entonces al duque de Alba al frente de un ejército y habilitado de plenos poderes para reprimir la revuelta. Numerosos protestantes emigraron y el terror, el cadalso y la hoguera se apoderaron de nuestras provincias. Se instauró un sistema de impuestos permanentes. Pero la revuelta era irreversible. Ante el fracaso de su político de terror, los españoles moderaron la represión. Alejandro Farnesio, diplomático sutil y estratega hábil, está al origen de la división de nuestras provincias entre el Norte protestante (los actuales Países Bajos) y el Sur católico. Pero la prosperidad tanto económica como cultural no volvió más en las provincias belgas. Mientras que los Países Bajos iban encaminándose hacia una nueva expansión, éstas conocieron una total decadencia. Numerosos intelectuales y hombres de negocios habían emigrado hacia Alemania y Holanda y, en este último país, se convirtieron en artesanos principales de ese Siglo de Oro que fue el siglo XVII holandés.

EL SIGLO XVII

La llegada de los archiduques Alberto e Isabel (hija de Felipe II) trajo una aparente independencia a nuestras provincias, pero en realidad ese siglo XVII fue un siglo de verdaderas desgracias. Después del fallecimiento de los archiduques, España arrastró consigo a nuestras provincias en su propria decadencia y nuestro país se convirtió en el campo de batalla de Europa. El Escalda fue clausurado, Flandes zelandés, Brabante del Norte y las regiones de ultra-Mosa quedaron definitivamente perdidos, mientras que Flandes francés y el Norte de Henao fueron anexados a Francia.

El siglo XVII dejó a Bélgica exánime, desangrada y arruinada, pero con una población cuya vitalidad había permanecido en pie tal como nos lo demuestra la extraordinaria expansión de su escuela de pintura con talentos tan universales como lo son Rubens, Jordaens y Van Dyck, así como por la enorme actividad arquitectónica que se desarrolló en nuestras provincias durante ese siglo.

EL PERÍODO AUSTRIACO

En eso estaba Bélgica cuando pasó a manos de los Habsburgo de Austria que hicieron todo cuanto les era posible para levantar la economía del país. El gobernador Carlos de Lorena, quien representaba a la emperatriz María Teresa, alentó muy eficazmente el impulso económico, artístico y científico. Desafortunadamente, el intervencionismo de José II y las reformas que impusiera no fueron siempre del agrado de sus súbditos belgas, y ello dió por resultado la Revolución Brabanzona de 1789. Este primer intento para crear a una Bélgica independiente quedó no obstante sin mañana.

DIE FRANZÖSISCHE BESETZUNG (1795-1815)

Im Jahre 1792 wurden die Österreicher durch die Franzosen bei Jemappe geschlagen. Sie eroberten es 1793 zurück, verloren es aber erneut in der Schlacht bei Fleurus (1794.).

Belgien wurde Frankreich einverleibt. Damit kam das Ende der provinzialen Selbständigkeit und des Feudalsystems.

1797 wurde mit den Aushebungen zum Wehrdienst begonnen und ein Jahr später verbot man den katholischen Gottesdienst. Das war Anlass zu erneutem Unmut (Bauernkrieg). Durch Napoleon kam für kurze Zeit wieder einige Ruhe und Ordnung über das Land. Er förderte die wirtschaftliche Wiederherstellung, sorgte für den Religionsfrieden und hob die Sperrung der Schelde auf. Aber durch die Kaiserkrönung verlor Napoleon viel von seiner Popularität ; so kam es, dass der Sturz des Kaiserreiches (1814) als Befreiung empfunden wurde.

DIE NIEDERLÄNDISCHE HERRSCHAFT

Durch das Protokoll von London wurde Belgien unter Wilhelm I. als König der Vereinigten Niederlande wieder mit diesem vereinigt. Diese Verschmelzung kam Belgien wirtschaftlich gesehen sehr zustatten. Nur war Wilhelm I. wohl ein intensiv arbeitender Mensch, ein Diplomat war er leider nicht. Die Katholiken sträubten sich gegen die Verweltlichung in der Politik des Fürsten, die französierte Bürgerschaft dagegen lehnte das Niederländische im öffentlichen Leben ab. Dazu kam noch die wachsende Arbeitslosigkeit. Unter dem Einfluss der Pariser Julirevolution von 1830 brach ein allgemeiner Aufstand aus, wurden die holländischen Truppen am 27. September 1830 aus Brüssel vertrieben und im Oktober desselben Jahres alle fremden Truppen aus Belgien verjagt. Noch im September 1830 bildete man eine vorläufige Regierung ; ein Jahr später übernahm Leopold von Sachsen-Coburg die Führung des jungen belgischen Staates.

DAS KÖNIGREICH BELGIEN

Unter dem Namen Leopold I. legte dieser am 21. Juli 1831 den Eid auf die Verfassung ab, womit Belgien zu einer konstitutionellen, erblichen Monarchie wurde. So nahm dieses Land einen bescheidenen, doch geziemenden Platz unter den europäischen Grossmächten ein. Wirtschaftlich gesehen spielte Belgien keine schlechte Rolle. Ausserdem erbte der Staat 1908 den Kongo, Schöpfung und Eigentum König Leopolds II.

1914 wurde Belgien unter der Regierung von Albert I., des dritten Königs Belgiens, trotz seiner bewiesenen Neutralität durch die einfallenden deutschen Truppen angegriffen.

Der 1919 geschlossene Vertrag von Versailles übte einen grossen Einfluss auf den internationalen Status des belgischen Staates aus. Belgien erhielt die Ostbezirke Eupen und Malmedy und auch das Protektorat über die frühere deutsche Kolonie Ruanda-Urundi.

THE FRENCH DOMINATION (1795-1815)

The Austrians were defeated by the French near Jemappes in 1793. They would reconquer Belgium in the course of the same year, only to lose it again in the battle near Fleurus (1794). Belgium was incorporated into France, and this marked the end of both provincial autonomy, and the feudal system. Conscription was decreed in 1797, and the catholic religion was prohibited in 1798. This did generate troubles (the Peasants' War).

Napoleon for a while brought peace and order in the country, promoting economic recovery, proclaiming religious peace, and re-opening the river Scheldt.

The Empire's institution, however, reduced Napoleon's popularity. The collapse of the Empire (1814) therefore was felt as a liberation.

THE DUTCH REGIME

By the Treaty of the Barrier Belgium again was re-united with Holland, with William I as King of the United Netherlands. This merger with Holland was a success for Belgium, in economic terms.

William I, unfortunately, did work hard, but he was no diplomat. The catholics showed resitance to the king's secularising policy, and the Frenchified bourgeoisie opposed the imposition of Dutch in public affairs. In addition, unemployement was increasing.

A general revolt exploded under the influence of the Paris July 1830 revolution. The Dutch troups were thrown out of Brussels on September 27, 1830, and by October in that year all foreign armies had evacuated Belgian territory. A provisional authority was set up in September, 1830, and in 1831 Leopold of Saxony-Coburg accepted to become the king of the new state.

KINGDOM BELGIUM

He took the constitutional oath under the name of Leopold I on July 27, 1931, thereby establishing Belgium as a constitutional, hereditary monarchy. At that time our country held a modest, but nevertheless decent position among the European great powers. Belgium did not do badly in economic terms. In addition, by 1908 it inherited Congo, previously created and owned by Leopold II, Belgium's second king.

In 1914, under the reign of Belgium's third King, Albert I, the country — despite the king's policy of neutrality — was overrun by the German armies.

The «Treaty of Versailles», concluded in 1919, was of decisive influence for Belgium's international statute. Belgium acquired the Eastern districts of Eupen and Malmedy, and was given protectorate over Ruanda-Urundi, two former German colonies.

LA DOMINACIÓN FRANCESA (1795-1815)

En 1793, los austríacos fueron derrotados por los franceses en Jemappes, pero lograron reconquistar el país, para volverlo a perder durante la Batalla de Fleurus (1794). En 1795, Bélgica quedó anexada a Francia, lo que puso fin al Antiguo Régimen, a la autonomía provincial y al sistema fuedal. En 1797, hubo la introducción de la circunscripción y en 1798 se prohibió el culto católico, acarreando nuevos disturbios conocidos con el nombre de Guerra de los Campesinos. Napoleón trajo algo de tranquilidad así como orden en el país. Incrementó un renuevo económico, restableció la libertad de cultos y procedió a la reapertura del Escalda.

Al advenimiento del Imperio, bajó sensiblemente la popularidad de Napoléon, por cuanto la caída de éste (1814) fue acogida como una liberación.

EL RÉGIMEN HOLANDÉS

Por el Protocolo de Londres, Bélgica se vió nuevamente reunida con Holanda, teniendo a Guillermo I como rey del Reino de los Países Bajos. Esta reunión con Holanda benefició a Bélgica sobre el plan económico, pero, por desgracia, si bien es cierto que Guillermo I era un gran trabajador, distaba mucho de ser buen diplomático. Los católicos se rebelaron contra su política secularizante mientras la burguesía afrancesada se oponía a la neerlandización de la vida pública, a lo que vino a agregarse un creciento desempleo.

Bajo la influencia de la Revolución Francesa de julio de 1830, estalló la revolución en el país. Las tropas holandesas tuvieron que evacuar Bruselas el 27 septiembre de 1830 y a partir de octubre del mismo año Bélgica se hallaba casi completamente liberada. Desde septiembre de 1830 quedó constituido un gobierno provisional y en 1831 el príncipe Leopoldo de Sajonia Coburgo aceptó de reinar sobre el nuevo estado.

EL REINO DE BÉLGICA

Bajo el nombre de Leopoldo I, éste prestó juramento constitucional el 21 de julio de 1831, haciendo de Bélgica una monarquía constitucional.

A partir de este momento el país tomó un puesto discreto, aunque no despreciable, entre las potencias europeas. El país conoció un arranque económico de los más apreciables y en 1908, tomó posesión del Congo que hasta entonces no había sido más que creación y propriedad personal de Leopoldo II, segundo rey de los belgas.

En 1914, durante el reinado de Alberto I, tercer rey de los belgas, Bélgica se vió invadida por las tropas alemanas pese a la política de neutralidad que era la suya.

El Tratado de Versalles, en 1919, tuvo gran influencia en el estatuto internacional del país. El tratado otorgó a Bélgica los cantones del Este, Eupen y Malmedy, obteniendo a un

Das allgemeine Wahlrecht wurde 1919 eingeführt ; die Frauen erhielten es 1921. In den zwanziger Jahren entwickelte sich, neben den traditionellen liberalen Parteien auch die sozialistische Partei.

König Albert I. verlor auf tragische Weise 1934 sein Leben. Sein Nachfolger war sein Sohn, Leopold III. Auch dessen Regierung kannte dramatische Momente : einmal der bittere plötzliche Verlust seiner Gattin Astrid (1935) und später der zweite Weltkrieg. Wie sein Vater war auch Leopold III. ein überzeugter Anhänger der strikten Neutralitätspolitik. Dennoch wurde das Land im Mai 1940 zum zweiten Male von den deutschen Truppen niedergerannt.

Nach Beendigung der Feindseligkeiten entsagte Leopold III. dem Thron zu Gunsten seines Sohnes, der jetzt unter dem Namen Baudouin I. das Land regiert.

Universal suffrage was introduced in 1919, and women were granted voting rights in 1921.

During the twenties, the socialist party developed alongside of the traditional, liberal party.

King Albert I's life came to a tragic end in 1934. He was succeeded by his son, Leopold III.

This sovereign's reign also was marked by dramatic events : the tragic death of his wife, queen Astrid, in 1935, and the second world war.

Like his father Albert I, Leopold was a convinced advocate of a policy of radical neutrality. The country, nevertheless, was invaded a second time by the German armies on May 10, 1940.

After the end of the war Leopold III did abdicate, marking the beginning of the reign of his son, now reigning under the name of Baldwin I.

tiempo el protectorado de las antiguas colonias alamanas del Ruanda y del Urundi. El sufragio universal fue adoptado en 1919 y el derecho de voto para las mujeres en 1921.

Durante los años veinte, el partido socialista belga fue tomando un puesto cada vez más importante al lado de los otros partidos tradicionales.

En 1934, el rey Alberto murió accidentalmente y le sucedió su hijo Leopoldo III. El reinado de éste rey experimentó igualmente momentos trágicos entre los cuales la muerte accidental, en 1935, de su esposa la reina Astrid así como la Segunda Guerra Mundial.

Al igual que su padre, Leopoldo III era partidario convencido de una política estrictamente neutral, lo que no impidió que el país se viera invadido por segunda vez, en mayo de 1940, por las tropas alemanas.

Al terminar la guerra, Leopoldo III abdicó a favor de su hijo quien reina en el país con el nombre de Balduino I.

DIE KÜNSTE

Es ist nicht unsere Absicht, eine vollständige Übersicht zu geben ; wir wollen die grossen Entwicklungslinien der drei Kunstrichtungen, Architektur, Bildhauerkunst und Malerei nur skizzieren. Auch ist es nicht möglich, hier alle wichtigen Namen von Künstlern und Architekten in dieser Übersicht aufzunehmen.

Wer mehr Informationen sucht, dem raten wir spezielle Ausgaben an ; auch grössere Stadt- und Reiseführer machen ausführlichere Angaben.

DIE BAUKUNST

Im Vergleich zu anderen europäischen Ländern ist Belgien reich an architektionischem Schaffen. Allerdings kann das nicht von den ersten Jahrhunderten gesagt werden ; es gibt nur enige römische Mauerreste z.B. in Namur und Tongeren (Römische Wälle).

Auch von der Architektur der Vorromanik gibt es nur einige wenige Reste einer Säulenbasilika in Tongeren, einige interessante Überbleibsel in Nivelles und andernorts. Die älteste noch bestehende Kirche, die St. Ursmaruskirche zu Lobbes, stammt aus dem 9. Jahrhundert.

Beachtenswert sind die bürgerlichen und kirchlichen Bauten aus der romanischen Periode. Unter dem Einfluss der politischen Situation kann man deutlich Unterschiede wahrnehmen zwischen Schelde- und Maasgebiet. Besonders zahlreich sind die romanischen Kirchen in der Maaslandschaft. Architektonisch schliessen sie an den rheinischen Baustil an : monumentaler Westbau, rechteckiger Abschluss von Ostchor und Querschiff, viereckige Pfeiler. Beispiele davon sind die St. Gertrudiskirche in Nivelles (11. Jh.) und die St. Bartholomäuskirche in Lüttich (11. Jh.). Kleinere oft besonders gut erhaltene Kirchen

THE ARTS

While not aiming at comprehensiveness, we will outline major developments in the three main art sectors : architecture, sculpting, and painting.

Nor can we possibly quote in this brief survey the names of all main artists and architects.

Those who want to know more about it can find additional information either in specialised studies, or more detailed city or travel guides.

ARCHITECTURE

Compared with other European countries, Belgium has much to offer in terms of architecture.

This does not cover the first centuries : only a few building vestigia from Roman times have been found, i.a. in Namur and Tongeren.

Little is left also from the pre-Romanesque period : vestigia from a colonnated basilica in Tongeren, and interesting remains in Nivelles and elsewhere.

The oldest church still in existence, St-Ursmarus's, at Lobbes, dates from the 9th century.

Much more fascinating are the civil and religious buildings from the Romanesque period. Political situations accounted for marked differences between the regions respectively of the rivers Scheldt and Meuse. The latter area still has many Romanesque churches, which, in architectural terms, show affinities with Rhineland architecture : monumental building on the Western side, rectangular separation between Eastern choir and transept, square pillars. Remaining examples are St-Gertrud church in Nivelles (11th century), and St-Bartholomew's in Liège (11th century).

LOS ARTES

No es nuestro propósito dar una relación completa de los tres grandes artes, arquitectura, escultura y pintura, ni describir todo el proceso de su evolución.

Tampoco podemos recoger en este resúmen los nombres de todos los artistas y arquitectos.

Con gusto señalaremos obras más especializadas para los lectores que esten interesados en el tema.

LA ARQUITECTURA

Comparado con otros países, Bélgica es rica en materia de arquitectura, a pesar de que éste no sea el caso en cuanto a los primeros siglos, aunque se hayan descubierto vestigios de construcciones romanes, por ejemplo en Namur y en Tongeren (fortificaciones).

Sucede lo mismo con el período prerrománico del que no subsisten más que muy escasos vestigios: ruinas de una basílica de columnata, en Tongeren, y algunos interesantes ruinas en Nivelles y otras partes.

La iglesia más antigua que haya llegada hasta nosotros es la de San Ursmarus, en Lobbes. Se remonta al siglo IX.

Los edificios civiles y religiosos del período románico son infinitamente más interesantes. Bajo la influencia política, pueden notarse diferencias notorias entre la arquitectura escaldiana y la de la región mosana. En ésta última son numerosas las iglesias románicas cuyo estilo se asemeja a la arquitectura renana: anticuerpo monumental en el Oeste, cierre de forma rectangular del coro oriental y del crucero, pilastras cuadradas. Como ejemplos de este estilo citemos la iglesia de Santa Gertrudis, en Nivelles, y la de San Bartelomé, en Lieja, ambas del siglo XI.

aus dieser Zeit sind z.B. die bemerkenswert gut restaurierte St. Gangulfuskirche, wie auch die St. Peterskirche (12. Jh.) in der Stadt Sint-Truiden, die Gemeindekirchen von Bertem, Borgloon, Celles und Orp-le-Grand (12. Jh.).

Der Scheldestil unterscheidet sich deutlich, wenigstens was die grösseren Kirchen betrifft, von dem an der Maas : schwerer Vierungsturm, das Fehlen des Westbaus, Galerien über den Seitenschiffen. Schöne Beispiele hiervon sind : die St. Vincentiuskirche in Soignies (10.-13. Jh.) und die Kathedrale zu Tournai (12.-13. Jh.). Weniger zahlreich als in der Maasgegend sind hier die kleineren Kirchen. Doch findet man ab und zu noch Spuren der früheren Bauwerke in später umgebauten Kirchen. Prächtige Gebäude bürgerlicher und militärischer Baukunst sind das «Gravensteen» zu Gent (12. Jh.) und die Burg von Bouillon (11.-16. Jh.). Die Zeit der Gotik, die in den Niederlanden mit einem überraschenden wirtschaftlichen Aufblühen zusammenfiel, hat Belgien mit einer wahren Flut bemerkenswerter Gebäude für profane und kirchliche Zwecke bereichert. Verhältnismässig wenig ist aus der vorgotischen Epoche erhalten geblieben. Zahlreiche Zisterzienserabteien und Kirchen wurden in späteren Jahrhunderten verwüstet oder abgebrochen u.a. Orval, Aulnes, Ter Duinen. Dagegen sind viele grosse Kirchen aus dem 13. Jahrhundert erhalten geblieben wie zu Gent, Damme, Veurne, Lissewege, Yper, Oudenaarde, Brügge und Kortrijk.

Das Jahrhundert der burgundischen Herzöge ist auch das der brabanter Gotik und der grossen Kathedralen : St. Rombouts zu Mechelen (Chor), St. Michael zu Brüssel, die Liebfrauenkathedrale zu Antwerpen, St. Peter zu Löwen.

Charakteristisch für die brabanter Hochgotik ist der schlanke Westturm, das Chor mit dem Kapellenkranz, das Durchbrechen der schweren Zwischenmauern, das Platz macht für luftige Arkaden, Triforien und riesige Fenster. Maasländische Hochgotik finden wir u.a. in der Liebfrauenkirche zu Huy und in der St. Quintinuskirche zu Hasselt, beide aus dem 14. Jh. Eine prächtige Kirche der Spätgotik ist die St. Waltrudiskirche in Mons (15.-17. Jh.). Dass die Gotik in unserem Land besonderes reich vertreten ist, vor allem in der profanen Baukunst, merkt man in den Städten, wo Hallen, Bergfriede und Rathäuser entstanden. Man denke z.B. an die Bergfriede von Tournai (13. Jh.). und Gent (14. Jh.), die Hallen von Yper (13.-14 Jh.), von Brügge (13. Jh.) und Mechelen (14. Jh.), die Rathäuser von Brügge (14.-15. Jh.), Brüssel (15. Jh.) und Löwen (15 Jh.) und an die zahlreichen Bürgerhäuser in den verschiedenen Städten. Die Spätgotik beeinflusste bis tief ins 16. Jahrhundert die Architektur der Niederlande (die Rathäuser von Gent und Oudenaarde) und die Renaissanceelemente finden nur zögernd ihren Eingang in unserer Architektur. Beispiele der Renaissancebaukunst sind der etwas schwere Fürstbischöfliche Palast und das Curtiushaus zu Lüttich (16. Jh.) und die Zunfthäuser in Antwerpen. Die grossen

Smaller, often well-preserved churches from the period include the well-restored St-Gangulfus church, and St-Peter's in Sint-Truiden (12th century), the parish churches at Bertem, Borgloon, Celles, Orp-le-Grand (12th century) and others.

The Scheldt style presents marked differences, at least in the major churches : haevy square tower, absence of Western building, tribunes over the lateral aisles.

Fine examples of this are St-Vincent's in Zinnik (10th-15th century), and Tournai's cathedral (12th-13th century).

The small churches here are less numerous than in the Meuse valley. Vestigia of them have been incorporated in churches during transformation in later times.

Superb examples of civil and military architecture are the Counts' Fortress in Ghent (12th century), and Bouillon castle (11th-16th century).

The gothic style which was coincidental in the Low Countries with a surprising economic prosperity, has covered Belgium with a real network of remarkable religious and civil buildings.

Relatively little has been preserved from the early gothic period. The numerous cistercian abbeys and churches have been either destroyed, or demolished in later centuries (Orval, Aulne, Ter Duinen, etc.).

Several major churches from the 13th century have been preserved, i.a. at Ghent, Damme, Veurne, Lissewege, Ieper, Oudenaarde, Bruges, and Kortrijk.

The Burgundian century was marked by the Brabant gothic style, and the major cathedrals : St-Rombouts's in Mechelen (choir), St-Michael's in Brussels, Our Lady's in Antwerp, and St-Peter's in Leuven.

Characteristic for Brabant's high gothic are the elevated Western tower, the choir with a beam of chapels, the absence of heavy separating walls, replaced as they are by slight arcades, triforia, and large windows. Meuse high gothic is to be seen in Our Lady's at Huy, and St-Quintin's in Hasselt, both from the 14th century. St-Watrude's in Mons is a superb example of late gothic (15th-17th century).

Characteristic for our regions is the gothic civil architecture which in cities produced trading halls, belfries, and city halls, such as the belfries in Tournai (13th century), Ghent (14th century), Mechelen (14th century) ; the city halls in Bruges (14th-15th century), Brussels (15th century) and Leuven (15th century). To the same category belong many civilian residences in various Belgian cities.

The late gothic style's influence was to persist in the Low Countries' architecture well into the 16th century (city halls in Ghent and Oudenaarde), and Renaissance elements were slow in penetrating the area.

Examples of Renaissance architecture are : the somewhat heavy palace of the Prince-Bishops in Liège (15th century), city hall and corporation seats in Antwerp (16th century), and the Curtius residence in Liège (1610).

Pequeñas iglesias bien conservadas de esa época son por ejemplo las excelentemente restauradas de San Gangulfo y de San Pedro, en Sint-Truiden (s. XII); las iglesias parroquiales de Bertem, de Borgloon (Looz), de Celles y de Orp-le-Grand (s. XII), etc.

El estilo escaldiano difiere bastante del mosano, principalmente en lo tocante a las iglesias importantes: falta el antecuerpo en el Occidente, torre en el crucero y tribunas encima de las naves laterales. Algunos ejemplos de ello son: la iglesia de San Vicente (s. X-XIII), en Soignies, y la catedral de Tournay (s. XII-XIII). Las iglesitas escaldianas son menos numerosas que las mosanas, pero a veces se encuentran vestigios de semejantes santuarios en edificios de construcción más reciente.

Magníficos ejemplos de la arquitectura militar son el Castillo de los Condes (s. XII), en Gante, y la fortaleza de Bouillon (s. XI-XVI).

En los Países Bajos el estilo gótico coincidió con una sorprendente prosperidad económica, por cuanto sumergió literalmente al país con admirables edificios religiosos y civiles.

Sin embargo, son relativamente pocos los monumentos que se hayan conservado del gótico primario pues las abadías e iglesias cistercienses han sido destruidas o demolidas en el curso de los siglos que siguieron (Orval, Aulne, Ter Duinen, etc.).

En cambio, han sido conservadas varias grandes iglesias del siglo XIII, entre otras las de Gante, de Damme, de Veurne, de Lissewege y Ypres, de Oudenaarde y las iglesias de Brujas y de Courtray.

El siglo de Borgoña ha sido sobre todo el del gótico brabanzón y de las grandes catedrales: San Romualdo, en Malinas (coro); San Miguel, en Bruselas; Nuestra Señora, en Amberes; así como la colegiata de San Pedro, en Lovaina.

Características del gótico brabanzón son la torre espigado en el Occidente, el coro de radiantes capillas, la supresión de los pesados muros sostenedores que dejan sitio a ligeras arcadas, a triforios y a amplias ventanas de huecos. Ejemplos del gótico clásico mosano son la colegiata de Nuestra Señora, en Huy, y la iglesia de San Quintín, en Hasselt, ambas del siglo XIV.

Un hermoso ejemplo del gótico flamígero es la iglesia de Santa Waudru, en Mons (s. XV-XVII).

Típica de nuestras regiones es la arquitectura gótica civil que, en las ciudades, ha dado nacimiento a mercados cubiertos, atalayas y ayuntamientos. Así tenemos la Atalaya de Tournay (s. XIII) y la de Gante (s. XIV); los Mercados Cubiertos de Ypres (s. XIII-XIV), de Brujas (s. XIII) y de Malinas (s. XIV); los Ayuntamientos de Brujas (s. XIV-XV), de Bruselas (s. XV) y de Lovaina (s. XV), pero no nos olvidemos de las numerosas casas particulares en varias ciudades del país.

En los Países Bajos, el gótico flamígero se mantuvo hasta muy entrado el siglo XVI y le

Baumeister dieser Zeit sind Rombout Keldermans, Cornelis Floris de Vriendt und Vredeman de Vries.

Das 17. Jahrhundert, die Zeit der Gegenreformation, ist auch das des Jesuitenstils. Der Einfluss dieses Klosterordens ist in vielen prunkvollen Barockkirchen unserer Provinzen zu bemerken. Auch profane Gebäude dieses Stils wurden vielfach errichtet. Eines der schönsten Beispiele im Barockstil ist die Gesamtheit der Gildehäuser des Grossen Marktes zu Brüssel (Ende 17.-Beginn 18. Jh.), die zusammen mit dem gotischen Rathaus und dem neogotischen Brothaus einen Architekturkomplex bilden, welcher in Europa einmalig ist. Sehenswert ist auch noch das Rubenshaus, das zierliche Osterriethaus und das Königliche Schloss in Antwerpen, beide aus dem 18. Jahrhundert. In Lier baute J.P. Van Baurscheit das Rathaus.

Brüssel hat noch den schönen, ebenmässigen Königsplatz und die Place des Martyrs, die beide Ende des 18. Jahrhunderts geschaffen wurden.

Obwohl viele Gebäude des 19. Jahrhunderts aus dem Stadtbild verschwunden sind, blieben doch einige der imposantesten erhalten. Wir denken hier an die weite Eingangshalle des Zentralbahnhofs von Antwerpen und an die Marienkirche in Schaarbeek.

Drei weltberühmte Architekten wirkten um die Jahrhundertwende in Belgien, alle drei waren Exponenten des Jugendstils. Es waren dies Victor Hankar, Gestalter vieler Privathäuser, Victor Horta, Architekt des in allen Einzelheiten vollkommenen Solvayhauses, Henri Van de Velde, der Erbauer der Universitätsbibliothek von Gent, des Kröller-Müller-Museums in Otterlo usw.

Nach dem Ende des zweiten Weltkrieges kam eine wahre Bauwut über Belgien. Vor allem Brüssel ist davon betroffen und ganze Stadtbezirke wurden und werden abgerissen, um Platz für grossartig entworfene Projekte zu machen wie z.B. den Berlaimontkomplex, wo die verschiedenen Ämter der Europäischen Gemeinschaft untergebracht sind, die neuen Regierungsgebäude am Kongresplatz, das Verwaltungszentrum der Stadt Brüssel und das Philipsgebäude, letzte beide in der Stadtmitte gelegen.

Great architects in this period include Rombout Keldermans, Cornelis Floris de Vriendt, and Vredeman de Vries.

The 17th century's counter-reformation was marked by the so-called Jesuit style. The order's influence is being reflected in many baroque churches in our regions.

Civil baroque architecture also was coming to full bloom, and one of its finest examples are the corporations' houses in Brussels which, together with the gothic city hall, and the neogothic Bread House, constitutes a unique feature in Europe.

Also deserving a visit are the Rubens residence, the fine Osterrieth residence, and the Royal Palace, all of them in Antwerp. The city hall in Lier was built by J.P. van Baurscheit. Fine ensembles also are the Royal square and the Martyrs' square in Brussels, both dating from the late 18th century. Although many 19th century buildings now have disappeared in the cities, some remarkable examples of the time have been preserved, such as the vast lobby in Antwerp's Central Station, the Courts of Justice, and Stock Exchange in Brussels, and St-Mary's in Schaarbeek.

At the turn of the century three architects with a world-wide reputation, all of them promotors of the so-called «Modern style» were active in Belgium : Victor Hankar, who planned many private residences ; Victor Horta, who designed the elegant Solvay House ; and Henri Van de Velde, the builder of Ghent University's library, the Kröller-Müller museum at Otterlo, etc...

A true building furore spread over Belgium after world war two. Mainly affected by it was Brussels, where whole districts were dismantled to make room for large-scale projects such as Berlaymont, now housing the administration of the European Communities, new administrative buildings at the Congress' square, Brussels city's administrative centre, and Philips House.

debemos, entre otros, los Ayuntamientos de Gante y de Oudenaarde, mientras que el Renacimiento no penetró sino muy lentamente en esas regiones.

Como ejemplos de la arquitectura renacentista tenemos al bastante macizo Palacio de los Príncipes Obispos, en Lieja (s. XV), y el Ayuntamiento (s. XVI) y las Casas Gremiales, en Amberes, y el Museo Curtius, en Lieja (1600).

Grandes arquitectos de este período son Rombout Keldermans, Cornelis Floris de Vriendt y Vredeman de Vries.

El siglo XVII es el de la Contrareforma así como del llamado estilo jesuítico. La influencia de esta orden religiosa fue preponderante en las iglesias barrocas de nuestras regiones.

La arquitectura civil barroca fue igualmente floreciente y uno de los más notables conjuntos barrocos es, sin lugar de duda, el de las Casas Gremiales, en Bruselas (fines s. XVII-comienzos s. XVIII), que forman con el Ayuntamiento gótico y la neogótica Casa del Rey un complejo arquitectónico único en Europa. Merecen igualmente nuestra admiración la Casa de Rubens, así como, para el siglo XVIII, la Casa Osterriet y el Palacio Real, los tres en Amberes.

J.P. Baursheit construyó el Ayuntamiento de Lier. La Plaza Real y la Plaza de los Mártires, en Bruselas, son igualmente hermosos conjuntos arquitectónicos de fines del siglo XVIII. Aunque numerosos edificios del siglo XIX estén ya destruidos, subsisten todavía algunos de mucha grandeza. Queremos aludir a la sala de entrada de la Estación Central de Amberes, al Palacio de Justicia y a la Bolsa de Bruselas, así como a la iglesia de Santa María en Schaerbeek.

A fines del siglo pasado se afirmaron en Bruselas tres arquitectos de renombre mundial, partidarios los tres del llamado «Jugendstil» o «arte nuevo». Estos son Victor Hankar, el arquitecto de varios residencias particulares; Victor Horta, el arquitecto de la elegante residencia Solvay; Henri Van de Velde, constructor de la torre-biblioteca de la Universidad de Gante y del Museo Kröller-Müller, en Otterlo (Holanda), etc.

Al finalizar la Segunda Guerra Mundial, Bélgica experimentó un verdadero furor de construir. Bruselas principalmente sintió la necesidad de arrasar barrios enteros para erigir conjuntos arquitectónicos de concepto grandioso. Citemos entre otros, el complejo Berlaimont que abriga los distintos servicios de la Comunidad Europea, los nuevos edificios ministeriales en la Plaza del Congreso, el Centro Administrativo de la ciudad de Bruselas y el «building» Philips, ambos en el centro de la ciudad.

DIE BILDHAUERKUNST

Die meisten Werke der Bildhauerkunst aus der vorromanischen Zeit blieben nicht erhalten. Unzweifelhaft besassen Tongeren, Arlon und Tournai, die römische Siedlungen waren, Steinmetzschulen. Gewiss musste Arlon im 3.

SCULPTURE

Not much has been preserved from pre-Romanesque sculpture. Roman residential dwellings such as Tongeren, Arlon, and Tournai must have had sculpting schools of their own. Arlon, in fact, was highly prosperous in

LA ESCULTURA

El período prerrománico no ha dejado gran cosa en materia de escultura. Queda probado sin embargo que hubieron escuelas de escultura en las antiguas ciudades romanas que fueron Tongeren, Arlon y Tournay. Así po-

Jahrhundert eine Blütezeit gekannt haben, was das Relief mit dem Titel «Das Bezahlen der Pacht» im archäologischen Museum zu Arlon beweist.

Aus der romanischen Periode gibt es noch einige Kirchenportale u.a. in Dinant, Tongeren und Huy, wie auch Reliefs (z.B. die Madonna von Dom Ruprecht aus dem 12. Jahrhundert im Curtiushaus in Lüttich) und religiöse Holzstatuen.

Berühmt sind vor allem die 'Sedes Sapientiae-Plastiken» (u.a. in Zoutleeuw) und die ganz oder teilweise erhalten gebliebenen Christusstatuen (ein wundervoller Christuskopf wird in dem Kirchenschatz der Liebfrauenkirche zu Tongeren aufbewahrt).

Der Höhepunkt in der Bildhauerkunst der Niederlande entwickelte sich mit der aus Frankreich überkommenen Gotik. Beispiele der Frühgotik finden wir am Portal des St. Johanneshospitals zu Brügge (1270) und in den Grabmonumenten (13.-14. Jh.) in Tournai. Der Manierismus feierte Triumphe im 14. Jahrhundert, während unter dem Einfluss von Claus Sluter und dem Burgundischen Hof ein ganz neuer realistischer Stil zur Entwicklung kam.

Geschnitzte, manchmal recht derbe Szenen (Sprüche, Volkstümliches) auf den Unterseiten der Klappsitze (Miserikordien) von vielen Chorbänken stammen aus dem 15. Jahrhundert. Besonders bekannt sind die vielen geschnitzten Retabels (Altaraufsätze), die bis weit ins 16. Jahrhundert hinein einen echten Exportartikel darstellten und in denen der gotische Stil länger erhalten blieb als z.B. in der Malerei.

Langsam gewann auch in der Bildhauerkunst die Renaissance durch Meister wie Jan Mone und Lancelot Blondeel mehr Raum, während ein wenig später in den Werken von Jacques Dubroeucq (Reliefs in der St. Waltrudiskirche zu Mons) und Cornelis Floris de Vriendt (Lettner zu Tournai 1573) bereits die Hochrenaissance zum Ausdruck kommt. Die Skulptur des 17. Jahrhunderts, stark durch Rubens beeinflusst, weist alle Merkmale des Barocks auf: überwältigende Ornamentik, Ergriffenheit.

Durch den Bildersturm im 16. Jahrhundert wurden enorm viel Kirchenmobiliar und Kunstschätze vernichtet. Vieles wurde in der Barockperiode wieder ersetzt: prächtige Beichtstühle und Kommunionsbänke, monumentale Kanzeln, Altäre und Orgelgehäuse. Ungefähr in der Mitte des 17. Jahrhunderts wirkten in Brüssel Hieronimus Duquesnoy und in Antwerpen Artus Quellijn der Ältere, beides Bildhauer. Einen sehr persönlichen, gemässigten Barockstil schuf Frans Duquesnoy, Bruder des eben genannten und Mitarbeiter Berninis in Rom. Wichtig sind noch die Antwerpener Bildhauerfamilie Verbruggen, Lucas Faid'herbe aus Mechelen und der Maasländer Jean Delcour.

Zur Zeit des Spätbarocks und im 18. Jahrhundert war Brüssel das Zentrum der Bildhauerkunst und anderer Kunstzweige.

the 3th century, as attested by the relief «paying for the tenancy», in Arlon's archeological museum.

A few porticoes from the Romanesque period have been preserved, i.a. in Dinant, Tongeren, and Huy, together with relief sculpture (such as dom Rupert's Madonna, 12th century, in Curtius House, Liège), and religious statues out of wood. Well-known are the «Sedes Sapientiae» statues (i.a. at Zoutleeuw), and the numerous Christ statues, preserved wholly, or in part (a superb Christ head is being preserved in the treasure of Our Lady's in Tongeren).

Sculpture in the Low Countries reached its culmination in the gothic manner originating from France. Examples of early gothic sculpture are to be found in the portico of St-John's Hospital in Bruges (1270), and in Tournai's monumental tombs (13th-14th century).

Mannerism was flourishing in the 14th century, while at the same time a totally new, realistic style was developed at the Burgundian Court under the influence of Claus Sluter.

Also orginating from the 15th century are the many anecdotical sculptures (alphorisms, rural episodes) on the misericordiae of numerous choir stalls. Extremely well-known are the numerous retables which until well into the 16th century were an export product in which the gothic style would live on longer than in, e.g., painting.

The Renaissance, however, also was to slowly penetrate sculpture, with such masters as Jan Mone, and Lancelot Blondeel. High Renaissance, on the other hand (around 1550) is being expressed in works by Jacques Dubroeucq (many reliefs in St-Waltrude's, Mons), and Cornelis Floris de Vriendt (roodscreen, Tournai, 1573).

17th century sculpture, strongly influenced by Rubens, presents all the characteristics of the baroque style: over-abundant decoration, and heavy emotions. Enormous destructions had taken place in churches by the Iconoclasts (16th century). Much of it was replaced during the baroque period: superb confessionals and altar-rails, monumental pulpits, altars, and organ-cases.

Hieronymus Duquesnoy and Artus Quellijn the Elder were both active around the mid-17th century, respectively in Brussels and Antwerp.

Frans Duquesnoy, Hieronymus's brother, and assistant of Bernini in Rome, developed a highly personal, rather tempered baroque style. Also important are the Antwerp family of sculptors Verbruggen, Lucas Faid'herbe (Mechelen), and the Mosan artist Jean Delcour.

In the late baroque period and the 18th century Brussels developed into a centre for sculpture, and also for the other arts. Up to the first half of the 18th century, the focus was mainly on church furniture, but this slowly changes in the century's second half by the emergence of profane sculpture.

demos notar que en el siglo III Arlon debe de haber conocido una florescencia escultural tal como lo prueba, entre otros, el bajorrelieve «El pago del arriendo», en el Museo Arqueológico de Arlon.

Del período románico han sido conservados algunos portales de iglesias, en Dinant, Tongeren y Huy, así como algunos bajorrelieves (por ejemplo la Madona de Dom Rupert, s. XII, Lieja, Museo Curtius). Por otra parte hay igualmente esculturas sobre madera entre las cuales se cuentan las hieráticas Madonas llamadas «Sedes Sapientiae» (en Léau) así como esculturas (parcialmente o enteramente conservadas) de Cristo (una admirable cabeza de Cristo se encuentra en el tesoro de la iglesia de Nuestra Señora, en Tongeren).

De inestimable valor son las esculturas góticas inspiradas en el arte francés. De la época gótica primaria datan el portal del Hospital de San Juan (1270), en Brujas, así como monumentos funerarios de la región de Tournay (s. XIII-XIV).

El manierismo triunfó en el siglo XIV, pero gracias a Claus Sluter y a la Corte de Borgoña un estilo nuevo y realista tomó entonces el relevo. El siglo XV nos ha dejado numerosas obras anecdóticas (proverbios, escenas populares, etc.). Bajo forma de «misericordias» en los escaños de muchas iglesias.

Por otra parte, son célebres los retablos de madera esculpida, producto de exportación que prolongó el arte gótico hasta muy avanzado el siglo XVI.

Poco a poco, el Renacimiento se fue afianzando igualmente en escultura con el arte de Jean Mone y de Lancelot Blondeel, mientras que el Alto Renacimiento se afirma con Jacques Dubroeucq (varios bajorrelieves en la colegiata de Santa Waudru, en Mons) y con Cornelis Floris de Vriendt (el coro alto de la catedral de Nuestra Señora, en Tournay, que data de 1573).

La escultura del siglo XVII, fuertemente influenciada por Rubens, posee todas las características del estilo barroco: abundancia ornamental y dinamismo expresivo.

Los iconoclastas del siglo XVI habían saqueado numerosas iglesias y destruido su mobiliario que fue reemplazado durante el período barroco por magníficos confesionarios, bancos de comunión, púlpitos monumentales, altares y cajas para órgano.

Hacia mediados del siglo 17 trabajaban en Bruselas y Amberes respectivamente, Jerónimo Duquesnoy y Artus Quellin el Viejo. Creador de un estilo barroco personal y regularmente ponderado fue François Duquesnoy, hermano de Jerónimo y colaborador de Bernini de Roma. Igualmente notables son: la dinastía antuerpiense de los Verbruggen, el malinés Lucas Faid'herbe y el mosano Jean Delcour.

Durante el siglo XVIII, en la época del barroco tardío, Bruselas se convirtió en centro de arte no sólo en materia de escultura, sino también en lo que se refiere a las de-

Wurde in der ersten Hälfte des 18. Jahrhunderts vor allem Kirchenmobiliar verfertigt, so erfolgte später eine grosse Veränderung durch die Entwicklung der weltlichen Skulpturkunst. Ein hervorragender Vertreter dieser Kunst war G.L. Godecharle (+ 1835).

Aus dem 19. Jahrhundert sind zwei Namen zu erwähnen : Willem Geefs und Constantin Meunier, letzter ein sozial ausgerichteter Bildhauer, der seine Themen in der Welt der Arbeiter fand. Zum Schluss sei noch Jef Lambeaux genannt, der seine Werke im Neobarockstil ausführte.

Das 20. Jahrhundert übte auch auf dem Gebiet der Bildhauerei einen erneuernden Einfluss aus. Rik Wouters wirkte um die Jahrhundertwende ; der Symbolist George Minne war der Mittelpunkt der ersten Latemer Schule.

Der Modernismus und die Neue Sachlichkeit brechen mit Oscar Jespers, Jozef Cantré und den von Maillol beeinflussten Georges Grard und Charles Leplae durch. Zu den Jüngeren gehören u.a. Vic Gentils, Roel und Reinhout D'Haese, Mark Macken, Joris Minne, Rik Poot, Pierre Caille und Moeschal. Des letztern Werke sind von monumentalem Ausmass. Eine gute Übersicht der heutigen belgischen Bildhauerei gibt die ständige Ausstellung im Park des Freilichtmuseums Middelheim in Antwerpen.

DIE MALEREI

Zu den frühesten Erzeugnissen der belgischen Malerei gehören die Fresken mit religiösen Motiven, von denen jedoch nur wenige erhalten blieben. Die ältesten von ihnen datieren aus dem 12. Jahrhundert und befinden sich in der Kathedrale zu Tournai. Ausserdem gibt es noch Wandmalereien aus dem 14. Jahrhundert in der Bijlokeabtei zu Gent.

Auf dem Gebiete der Miniaturmalerei verdient das Evangeliarum von Aldeneik (genannt «Codex Eyckensis», 8. Jh.) besonders erwähnt zu werden. Alte auf Holz gemalte Bilder sind eine Seltenheit, so dass man hier den ausserordentlich gut erhaltenen Odilienschrein aus dem Kloster Kolen zu Kerniel (13. Jh.) nicht vergessen darf.

Im 14. Jahrhundert wanderten zahlreiche Künstler nach Frankreich aus und arbeiteten dort mit französischen Malern zusammen. Die sogenannte «Ecole franco-flamande» (14. Jh.) verrät übrigens einen starken flämischen Einfluss. Andere Künstler arbeiteten am Burgundischen Hof zu Dijon, wie z.B. Melchior Broederlam aus Yper und die Gebrüder de Limbourg ; aber zahlreiche anonyme Meister blieben in den Niederlanden tätig. Zweifellos sind sie die Wegbereiter der sog. Flämischen Primitiven gewesen, die das Goldene Jahrhundert (15. Jh.) der belgischen Malerei begründeten. Der Begriff «primitiv» ist eigentlich wenig passend für diese Kunst, die in mancherlei Hinsicht die Krönung der Entwicklung des künstlerischen Schaffens aus zwei Jahrhunderten war und die dem Reichtum, der Prachtliebe und dem Glanz der reichen Bürgerschaft, der Kirchenfürsten und

One of the most important representatives of the latter trend is G.L. Godecharle (+ 1835).

Two major names have marked the 19th century : Willem Geefs, and Constantin Meunier, the latter a socially committed artist who sought inspiration in the labour world. Then, there also is the neo-baroque sculptor Jef Lambeaux. The 20th century further witnessed a renovation in sculpture. Rik Wouter's first sculptures date from 1912, and Georges Minne, the symbolist, was the inspirator of the first school of Latem.

Modernism, and simplification, come with Oscar Jespers, Jozef Cantré, and also with Georges Grard and Charles Leplae, both influenced by Maillol. The latest arrivals include i.a. Vic Gentils, Roel and Reinhout D'Haese, Mark Macken, Joris Minne, Rik Poot, Pierre Caille, and Moeschal, the monumental sculptor.

A significant survey of contemporary Belgian sculpture is permanently on view at the open-air Middelheim museum in Antwerp.

PAINTING

Earliest examples of Belgian painting consisted of frescoes on religious subjects, of which but little has been preserved. The oldest ones, of the 12th century, are in Tournai's cathedral. There also are 14th century mural paintings in Ghent's Bijloke abbey, and elsewhere.

The Evangeliarum of Aldeneik («codex Eykensis», 8th century) deserves a special mention in terms of book-illumination. Old paintings on panels are rather limited, although the excellently preserved Odilia shrine from the Kolen convent at Kerniel 13th century) deserves attention.

Many artists emigrated to France in the 14th century, there to work in association with French painters. The so-called «Franco-Flemish school» (14th century) reveals strong Flemish influences. Others were active at the Burgundian Court in Dijon. Such was the case for Melchior Broederlam, from Ieper, and the Limbourg brothers. Other anonymous masters remained in the Low Countries.

They undoubtedly have paved the way for the so-called Flemish Primitive Masters, who dominated Belgian painting in the 15th century. The term «primitive» is somewhat misleading here, since the development brought two centuries of efforts to a glorious culmination, owing to the wealth, and inclination towards magnificence on the part of a rich bourgeoisie, high ecclesiastical dignitaries, and the Court.

Great names from those days include Jan Van Eyck, Roger van der Weyden, Dirk Bouts, Hugo van der Goes, Petrus Christus, Hans

más artes. Cuando durante la primera mitad del siglo era todavía el mobiliario de iglesia el que requería principalmente la atención, la segunda mitad vió florecer un arte ante todo profano. Uno de los principales pioneros de este arte profano fue G.L. Godecharle, muerto en 1835.

En el siglo XIX, conviene retener sobre todo los nombres de Guillaume Geefs y de Constantin Meunier, escultor; este último orientado hacia el arte social que se inspiró principalmente en la labor de los hombres. A su lado, Jef Lambeaux hace el papel de escultor neo-barroco.

El siglo XX ha sido igualmente innovador en materia de escultura. El simbolista George Minne fue la figura central del primer grupo de Laethem, mientras que las primeras obras esculpidas por Rik Wouters datan de 1912.

El modernismo y las formas simplificadas se imponen con Oscar Jespers y José Cantré, así como con Georges Grard y Charles Leplae, ambos influenciados por Aristide Maillol. Entre los más jóvenes conviene citar a Vic Gentils, Roel y Reinhout D'Haese, Mark Macken, Joris Minne, Rik Poot, Pierre Caille y el escultor monumental Moeschal.

Una importante reseña de la escultura belga contemporánea está expuesta permanentemente en el museo al aire libre de Middelheim, en Amberes.

LA PINTURA

La más antiguas pinturas belgas son frescos de los cuales pocos son los testimonios que hayan llegado hasta nosotros. Los más antiguos figuran en la catedral de Tournay, y se remontan al siglo XII. Los de la Abadía de la Byloke, en Gante, son del siglo XIV.

Respecto a iluminaciones de estampas, el Evangeliario de Aldeneik («Codex Eyckensis», s. VIII) merece una mención especial. Antes del siglo XIV, la pintura sobre paneles es más bien escasa; conviene citar sin embargo las que adornan el relicario de Santa Odila en el convento de Kolen, en Kerniel (s. XIII).

En el curso del siglo XIV, numerosos artistas emigraron a Francia donde colaboraron con artistas franceses. En la llamada escuela «franco-flamenca» de ese siglo se nota además una fuerte influencia flamenca. Los hubo que trabajaron en Dijon, en la corte de Borgoña; entre éstos figuran Melchior Broederlam de Ypres y los hermanos de Limbourg, mientras que numerosos maestros anónimos siguieron trabajando en nuestras regiones.

Estos son indiscutiblemente los precursores de los maestros a quienes llamamos «Primitivos flamencos», que hicieron del siglo XV el «Siglo de Oro» de la pintura belga. En realidad, la noción de «primitivo» resulta poco adecuada para este arte que prácticamente es la culminación de una evolución de dos siglos cuyo florecimiento se debe a la riqueza y necesidad de lujo y pompa de una burguesía holgada y de altos dignatarios de la Iglesia y de la Corte.

des Hofes ihre volle Entfaltung dankte. Grosse Namen dieser Epoche sind die von Jan van Eyck, Rogier van der Weyden, Dirk Bouts, Hugo van der Goes, Petrus Christus, Hans Memling, Gerard David und Quinten Metsys. Der wirtschaftliche Rückgang der Handelsstädte Brügge und Gent hatte einen grossen Einfluss auf die Malerei des 16. Jahrhunderts. Die wichtigen Zentren verlagerten sich nach Brüssel und Antwerpen mit Namen wie Hieronimus Bosch und Pieter Bruegel d.Ä. Um diese zwei hervorragenden Männer gruppierte sich eine Schar kleinerer Meister, deren Werke man keinesfalls geringschätzen darf (Patenier, Joos van Cleve, Pieter Aertsen, Pieter Coecke von Aalst, Frans Floris, Barend van Orley, der Porträtmaler Antonio Moro, Pieter Pourbus, u.a.).

Zahlreich waren auch die Maler, die nach Italien zogen, wie es übrigens auch viele Musiker taten. Die «Studienreise» nach dem Süden war Mode geworden.

Einen neuen Höhepunkt erlebte die belgische Malerei im 17. Jahrhundert mit Rubens, van Dyck und Jacob Jordaens. Und um diese überragenden Genies gab es wieder eine Gruppe ausgezeichneter Meister ihres Faches, den Porträtisten Cornelis de Vos, den Stillebenmaler Frans Snijders, die Maler religiöser Szenen De Crayer und Van Thulden, die Genremaler Brouwer und Teniers und die Söhne von Bruegel d.Ä.

Nach diesem grossen Jahrhundert folgte der Verfall der Kunst, der zum Teil durch den ökonomischen Rückgang der belgischen Städte verursacht wurde. In Bezug auf die Kunst gab es im 18. Jahrhundert nicht viel Bemerkenswertes. Doch im folgenden lässt sich ein langsames Aufblühen feststellen.

Die verschiedenen neuen Strömungen stehen wie überall in Europa sehr unter französischem Einfluss. Und Frankreich bleibt tonangebend bis zur Mitte unseres Jahrhunderts. Danach ist es Amerika, das diese Rolle übernimmt.

1816 liess sich Louis David, der französische klassizistische Maler, in Brüssel nieder. Ein talentvoller Porträtist war Joseph Navez, ein Schüler Davids. Romantiker dieser Periode waren Nicaise de Keyser, G. Wappers und, der wichtigste von ihnen, Antoine Wiertz.

Der Realismus trat etwa 1850 in Belgien auf mit Hendrik Leys, der von seinem Neffen und Schüler Henri de Braekeleer, Maler zeitgenössischer Themen, fortgesetzt wurde. Wichtig sind noch folgende Künstler : Hippolyte Boulenger, ein sehr bemerkenswerter Landschaftsmaler, Charles de Groux, Eugène Laermans, der Impressionist Emile Claus, Oleffe, Evenepoel, Ensor und Jacob Smits.

Ein Name, der besonders wichtig ist, auch als Neuerer für die moderne belgische Malerei, ist der Fauvist Rik Wauters. Ihm verdanken wir eine Anzahl genialer Werke, aus denen eine ungewohnte Vitalität spricht. Zur selben Zeit etwa bildete sich in Latem eine Gruppe von Malern, die später die Symbolisten genannt wurden. Es handelt sich um George Minne, Gust van de Woestijne, Valerius de Saedeleer.

Memling, Gerard David, and Quinten Metsys.

The economic recession of the trading cities Bruges and Ghent exerted a strong influence on 16th century painting. Brussels and Antwerp emerged as main centres. The greatest painters from that period are Hiëronymus Bosch, and Peter Bruegel the Elder. The two giants were surrounded by a number of somewhat less eminent masters (Patenier, Joos van Cleve, Pieter Aertsen, Pieter Coecke van Aelst, Frans Floris, Barend van Orley, the portrait painters Antonio Moro and Pieter Pourbus, etc.).

Many painters (and musicians) went to Italy. The «Italian tour» was greatly in fashion.

A new summit in Belgian painting came in the 17th century, with Rubens, Van Dyck, and Jacob Jordaens. Around them, there again was a swarm of excellent craftsmen and artists : Cornelis de Vos, the portrait-painter, Frans Snijders, who painted still-lives, De Crayer and Van Thulden, the authors of religious works, the genre-painters Brouwer and Teniers, the sons of Bruegel the Elder...

After this third, glorious century, decadence was to set in, also under the economic recession in Belgian cities. The 18th century has not much to show in terms of painting.

A revival can be noticed in the 19th century. As everywhere else in Europe, French influence in the various currents is strong. France would remain in the lead up to the mid-20th century, when America was to take over.

The French classicist painter Louis David established himself in Brussels, in 1816. One of his followers was Joseph Navez, a meritorious painter of portraits. Romantic storytellers from those days include Nicaise De Keyser, G. Wappers, and primarily Antoine Wiertz.

Realism appears in Belgium around 1850 with Hendrik Leys, and was continued by his nephew and pupil Hendrik de Braekeleer, the painter of contemporary episodes.

Other important names are Hippolyte Boulanger, an excellent painter of landscapes, Charles de Groux, Eugène Laermans, Emile Claus, the impressionist, Oleffe, Evenepoel, Ensor, and Jacob Smits.

Significant as a renovator in contemporary art was Rik Wouters, a «fauve» painter who has left the œuvre of a genius, brimming with extraordinary vitality.

Around the same time — 1900 — a number of artists settled down in Latem ; they later would be called the symbolists.

They included, among others, Georges Minne, Gust van de Woestijne, and Valerius de Saedeleer.

They were followed by a second Latem group of expressionists : Gust de Smet, Permeke, and Frits van den Berghe.

Magritte and Delvaux, the surrealists, and Brusselmans, the expressionist, were active in Brussels, while Floris Jespers worked in Ant-

Los nombres más ilustres de ese período son Jan Van Eyck, Roger Van der Weyden, Dirk Bouts, Hugo Van der Goes, Petrus Christus, Hans Memling, Gerard David y Quinten Metsys.

La recesión económica de esos grandes centros comerciales que eran Brujas y Gante influyó mucho en la pintura del siglo XVI. Bruselas y Amberes pasaron a ser entonces los nuevos centros. Los dos pintores más ilustres de ese período son Jerónimo Bosch y Pedro Bruegel el Viejo. Al lado de estos dos gigantes vivían y pintaban cantidad de maestros de menos envergadura cuya obra no puede ser menospreciada: Patenier, Joos Van Cleve, Pieter Aertsen, Pieter Coecke van Aelst, Frans Floris, Barend van Orley y los retratistas Antonio Moro, Pieter Pourbus, etc.

Muchos son los pintores y músicos que emigraron a Italia. Se había puesto de moda el llamado «viaje de estudis» a Italia.

El arte belga alcanzó un nuevo apogeo durante el siglo XVII, el siglo de Rubens, Van Dyck y Jordaens. A su alrededor, hallamos una vez más a cantidad de excelentes artistas: el retratista Cornelis de Vos, el animalista Frans Snyders, los pintores de escenas religiosas De Crayer y Van Thulden, los estilistas Brouwers y Teniers, así como los hijos de Pedro Bruegel el Viejo.

Después de ese tercer gran siglo, comienza la decadencia en parte debida a la recesión económica de las grandes ciudades belgas. Por esto, el siglo XVIII no fue muy notable en materia de pintura.

Se esbozó un despertar en el curso del siglo XIX. La mismo que en toda Europa, las diversas corrientes se hallaban bajo la influencia de Francia, que siguió dando el tono hasta mediados del siglo XX, época ésta en que el relevo vino de America.

En 1816, Louis David, el gran maestro clasicista francés, vino a erradicarse en Bruselas. Uno de sus discípulos fue el excelente retratista Joseph Navez.

Románticos historicistas fueron, entre otros, Gustave Wappers, Nicaise de Keyser y Antoine Wiertz, el más notable de todos.

El realismo hizo su aparición en Bélgica hacia el año 1850 con Henry Leys y su sobrino y alumno Henry De Braekeleer, quien ha pintado temas contemporáneos. Otros pintores cuyo nombre conviene retener son Hippolyte Boulanger, excelente paisajista, Charles de Groux, Eugène Laermans, el impresionista Emile Claus, Oleffe, Evenepoel, Ensor y Jacob Smits.

Un artista particularmente notable y que hizo igualmente figura de innovador es Rik Wouters. Perteneció al «fauvismo» y pintó obras geniales de sorprendente vitalidad.

Hacia la misma época, o sea al principio del siglo XX, se instalaron en el pueblo de Laethem algunos artistas de orientación simbolista. Fueron entre otros Georges Minne, Gust van de Woestijne y Valerius De Saedeleer, entre otros.

u.a. Später gab es eine zweite Gruppe mit u.a. den Expressionisten Gust de Smet, Permeke und Frits van de Berghe.

In Brüssel wirkten die Surrealisten Magritte und Delvaux und der Expressionist Brusselmans, und in Antwerpen Floris Jespers. Später traten dann die Animisten, die Postexpressionisten, die Abstrakten usw. auf.

Während der letzten Jahre wurden in Belgien wie auch in den Nachbarländern so ungefähr alle Stilrichtungen, die aus Amerika herüberwehten, vertreten. Doch gibt es glücklicherweise auch noch einige Künstler, die nach nationaler Tradition ihren eigenen Weg gehen und die trotz aller Modegrillen die festen Säulen in einem chaotischen Wirrwarr blieben, in dem handwerkliches Können, pseudokünstlerische Draufgängerei und echte Kunst nur schwer zu unterscheiden sind.

werp. In their wake came the so-called «animists», neo-expressionists, the abstract artists, etc. Most trends and developments which took place in America have taken root in recent years in both Belgium and the neighbouring countries.

Fortunately, there still are a few artists remaining faithful to the national tradition. They are steering their own course despite all whims in fashion, and by their craftsmanship they are outside of that pseudo-artistic fuss which has little to do with the real art of painting.

A ese grupo le siguió, igualmente en Laethem, el de los expresionistas Gustave De Smet, Permeke y Frits Van den Berghe.

En Bruselas trabajaban entonces los surrealistas Magritte y Delvaux y el expresionista Jean Brusselmans; y en Amberes, Floris Jespers.

Luego, llegaron los llamados «animalistas», los posexpresionistas, los abstractos, etc. En el trascurso de estos últimos años Bélgica ha experimentado, al igual que los demás países vecinos, la influencia de las diversas tendencias importadas de América, lo cual no impide que más de un artista haya permanecido fiel a la tradición nacional, prosiguiendo así su camino propio pese a todos los caprichos de la moda, y refiriéndose a valores seguros en medio del caos en el cual resulta difícil distinguir la mera habilidad o las acrobacias seudo-artísticas de la verdadera autenticidad.

BELGIEN, REISE- UND KUNSTLAND

DIE LANDSCHAFT

Die belgische Landschaft ist vielseitig. Nordbelgien gehört zur europäischen Tiefebene und Südbelgien vor allem zum Rheinischen Schiefergebirge. Andere Gebirge gibt es hier nicht. Die grössten Höhen (Hochebenen) erreichen nur 652 m (Baraque Fraiture) und 674 m (Baraque Michel).

An der Küstenstrecke mit ihrem geschlossenen Dünengürtel gibt es drei grosse Zentren, von denen das Nordseebad Oostende zentral liegt. Von hier aus fahren die Fähren Oostende-Dover ab. Andere Verbindungen mit England gibt es von Zeebrügge aus. Blankenberge, Den Haan, De Panne u.a. kleinere Orte sind vor allem Familienbäder. Knokke-Heist dagegen ist der eleganteste Badeort der belgischen Küste. Nahebei liegt das interessante und schöne Vogel- und Naturschutzgebiet Het Zwin. Ein anderes Naturschutzgebiet ist das von De Panne mit einer eindruckerweckenden, noch unberührten Dünenkette. Zu den touristischen Möglichkeiten der belgischen Küstenbäder gehören die Ausflüge zu den nahe gelegenen Kunststädten des Hinterlandes (Brügge, Veurne, Yper, die Schlachtfelder von 1914-18), wie auch zu den touristischen Ausflugszielen, die diese Gegend bietet.

In scharfem Gegensatz zu der fast ganz ebenen Küstenstrecke stehen die Ardennen mit ihren Hochebenen, ihren ausgedehnten Wäldern und romantischen Flüsschen.

Wenn man Namur in Richtung zur französische Grenze als Ausgangspunkt nimmt, erreicht man verschiedene bekannte Orte, (u.a. Profondeville, Lustin, Annevoie, Dinant, Anseremme, Freyr...). Wir folgen dem Lauf der Lesse und kommen so nach Rochefort und Han mit den weltberühmten Grotten. Richtung Beauraing erreichen wir das Tal der Semois mit seinen besonders anziehenden touristischen Zentren, darunter

TOURISM AND THE ARTS IN BELGIUM

THE LANDSCAPE

The landscape in Belgium presents a considerable diversity. Belgium's Northern area is part of the European low plateau, and Southern Belgium belongs to the schistose Rhine massif. There are no mountains in the country. The highest plateaus reach only 652 m (Baraque Fraiture) and 674 m (Baraque Michel).

The coastal area with its closed belt of dunes has three main centres, the most centrally located of which is Ostend, the queen of balneary cities. From there, the mailboats of the Ostend-Dover line are departing ; another line to England docks at Zeebrugge. Blankenberge, Den Haan, De Panne, and other smaller coastal resorts are mainly for family holidaying. Knokke-Heist, on the other hand, is the most elegant residential town on Belgium's coast. In the vicinity of it, the Zwin is one of the country's most important natural reserves, particularly for birds. Another reserve is at De Panne, with its impressive, intact massif of dunes.

Tourist possibilities from the residential places on the beach include excursions to the nearby hinterland towns with their artistic treasures (Bruges, Veurne, Ieper, the 1914-1918 battle-fields, etc.) and the many tourist attractions in the area.

In full contrast to the almost flat coastal region, the Ardennes are offering their plateaus, large forests and picturesque rivers.

Departing from Namur in the direction of the boundary with France, we will discover several well-known locations (i.a. Profondeville, Lustin, Annevoie, Dinant, Anserenne, Freyr...).

Following the river Lesse, we will visit Rochefort, and Han with its famous grottoes.

Taking towards Beauraing we reach the valley of the river Semois with its numerous touristic

BÉLGICA TURÍSTICA Y ARTÍSTICA

EL PAISAJE

El paisaje belga es variado. Mientras que el Norte del país pertenence a la llamada llanura europea, el Sur es principalmente parte del Macizo del Rhin; tal es así, que no queda lugar para las cordilleras. Las mesetas más altas solo alcanzan los 652 metros (Baraque Fraiture) y los 674 m (Baraque Michel).

La costa, con su cinturón cerrado de dunas, acoge a 3 grandes focos turísticos, donde «la reina de las ciudades costeras», Ostende, ocupa el lugar central. Desde allí, salen los paquebotes (vapores-correo) Ostende-Dover, aunque también hay otras comunicaciones con Inglaterra que tienen su salida desde Zeebrugge.

Si Blankenberge, Den Haan, De Panne y otras están consideradas comme ciudades costeras para familias, Knokke-Heist es la más elegante de la costa belga.

Una de las posibilidades turísticas de las ciudades de la costa belga es hacer excursiones a los municipios artísticos de las cercanías. Desplazándose un poco hacia el interior se puede visitar Brujas, Veurne, Ypres, los campos de batalle de 1914-18, etc., incluso otros lugares interesantes, no tan artísticos, pero si relajantes.

Las Ardenas con sus mesetas, sus extensos bosques y sus pintorescos ríos contrastan por completo con la región costera, casi enteramente llana.

Saliendo desde Namur en dirección a Francia, pasamos unos cuantos lugares conocidos (Profondeville, Lustin, Annevoie, Dinant, Anseremme, Freyr, etc.).

Siguiendo por el Lesse podemos visitar Rochefort y Han con sus mundialmente famosas grutas.

Llendo después hacia Beauraing topamos con el valle del Semois donda se hallan centros turísticos muy atractivos, por

die Burg von Bouillon. Mehr südlich liegt das Land von Gaum. Der Weg führt uns weiter nach Arlon, Bastogne, zurück durch das Ourthetal und Laroche, Durbuy usw.

Wenn wir der Amblève folgen, kommen wir zu den Grotten von Remouchamps, dem Wasserfall von Coo und dem ausgestreckten und eindrucksvollen Hohen Venn. Von hier aus geht es nach Eupen, Malmedy und Verviers und zum Land von Herve, nach Spa und dem lieblichen Tal der Vesdre. Jetzt folgen wir der Maas in Richtung Huy, durchqueren das alte Industriegebiet, halten eben in Marche-les-Dames und kehren zu unserem Ausgangspunkt Namur zurück.

Doch zwischen dem Nordseestrand und den Ardennen liegen noch andere Naturschönheiten. Wir denken an das südliche Hennegau in Richtung Chimay, an die flämischen Ardennen um Ronse, an die Antwerpener und Limburger Kempen mit ihren grossen Tannenwäldern, Dünen und Mooren, an das hügelige Land von Wallonisch-Brabant mit dem allbekannten Ort Waterloo, an die ausgedehnte Polderebene im Norden und noch vieles mehr.

centres, such as the fortress at Bouillon. More to the South is the Gaume area.

The road will take us further to Arlon, Bastogne, and crossing the Ourthe valley, to Laroche, Durbuy, etc.

By following the Amblève river we will reach the grottoes at Remouchamps, the water-fall at Coo, and the vast, impressive Hautes Fagnes. From there, we can progress to Eupen, Malmedy and Verviers, to the Herve country, Spa, and the lovely valley of the river Vesdre.

Further progressing along the Meuse towards Huy, we will cross the old industrial area, stop for a while at Marche-les-Dames, and return to Namur.

Many further lanscape delights are to be found between the coast and the Ardennes.

We have in mind Southern Hainaut, towards Chimay ; the Flemish Ardennes around Ronse ; The Campine in Antwerp and Limburg, with their large woods of pine-trees, dunes, and marches ; hilly Walloon Brabant, with Waterloo as tourism centre ; the vast polder areas in the North, and much more in terms of landscapes.

ejemplo: el castillo histórico de Bouillon. Más hacia el sur comienza la región del Gaume.

El viaje continua por Arlon, Bastenaken y de nuevo cruzamos el valle del Ourthe, a la altura de Laroche, Durbuy, etc.

El curso del Amblève nos lleva hasta las grutas de Remouchamps, la cascada de Coo y las extensas e inmensas «Hautes Fagnes».

Eupen y Malmedy son los objetivos siguientes; de allí seguimos hasta Verviers, el país de Herve, Spa y el hermoso valle der Vesder.

Pasamos a lo largo del Mosa, dirección Huy, cruzamos la vieja región industrial, nos paramos un rato en Marche-les-Dames y volvemos a nuestro punto de salide, Namur.

Pero entre la costa y las Ardenas quedan regiones enteras con una naturaleza bellísima y pintoresca.

Pensamos en el Sur de Henao, por Chimay; en las Ardenas flamencas, en los alrededores de Ronse; en el Kempen antuerpiense y limburgués, con sus bosques de pinos, dunas y pantanos; en el Brabante valón con sus colinas verdes y suaves, y Waterloo como punto turístico; en los amplios pólderes llanos y en tantas otras cosas.

DIE STÄDTE

ANTWERPEN

Die Welthafenstadt ist am rechten Ufer der Schelde gelegen. Zu den bemerkenswerten Bauten der Stadt gehört die Liebfrauenkathedrale (14.-16. Jh.) mit ihrem 123 m hohen Turm und ihren vielen Kunstschätzen, die St. Jakobskirche (15. Jh.) als ein richtiges Museum mit Kunstwerken des 17. Jh., die St. Carolus Baromäuskirche (17. Jh.), die St. Andreaskirche (16. Jh.), die St. Pauluskirche mit ihrem bemerkenswerten barocken Kalvarienberg, zierlicher Vertäfelung und weltberühmten Beichtstühlen. Auch besitzt Antwerpen eine grosse Anzahl profaner Gebäude : das stattliche Renaissance-Rathaus, «het Steen» (12. Jh.), in dem das Nationale Schifffahrtsmuseum untergebracht ist, das Fleischhaus (16. Jh.), das Plantin-Moretus Museum, das Rubenshaus, das Mercator-Ortelinushaus, das Brauershaus, das Museum Maeyer-Van den Bergh, das Rockoxhaus und nicht zu vergessen das Kgl. Museum für Schöne Künste.

Ein Besuch der Altstadt lohnt sich sehr. Durch enge Gassen schlendernd trifft man immer wieder kleinere oder grössere oft idyllische, typische und stille Plätze.

THE BELGIAN ART CITIES

ANTWERP

The city, which has a harbour of world-wide significance, is sited on the right bank of the river Scheldt. The most remarkable monuments there include : Our Lady's cathedral (14th-16th century) with its 123 m high spire, and numerous art treasuries ; St. Jacob's (15th century) a true museum of 17th century, Antwerp art ; St-Charles Borromeo's (17th century), St-Andrews' (16th century) ; St-Paul's with its striking, baroque calvary, superb wood-work and world-famous confessionals.

Antwerp has a number of impressive civil buildings : its magestic city hall in Renaissance style ; the Steen (12th century), now housing the National Maritime Museum ; Rubens House ; Mercator-Ortelius House ; the Brewers' House, the Mayer-Van den Bergh museum, Rockox House, and also the Museum of Fine Arts.

Highly recommended is a visit to the Old heart of the city, where one can stroll through narrow streets with their numerous old façades, again and again discovering small, or medium-sized, charming squares.

CIUDADES BELGAS DE ARTE

AMBERES

Entre sus monumentos más notables, citamos: la catedral de Nuestra Señora (s. XIV-XVI), pletórica de obras de arte y cuya torre mide 123 m; la iglesia de Santiago (s. XV), verdadero museo del arte antuerpiense del siglo XVII; la iglesia de San Andrés (s. XVI); la iglesia de San Carlos Borromeo (s. XVII); la iglesia de San Pablo con su calvario barroco, sus lujosos artesones y confesionarios de fama mundial.

Por otra parte, Amberes posee numerosos edificios civiles igualmente admirables: el imponente Ayuntamiento renacentista; el «Steen» (s. XII) con su Museo Nacional de la Navegación; la Casa de los Carniceros (s. XVI); el Museo Plantín-Moretus; la Casa de Rubens; la Casa de Mercator y Ortelius; la Casa de los Cerveceros; el Museo Mayer-Van den Bergh; la Casa Rockox y el Real Museo de Bellas Artes.

Es de recomendar un paseo por las viejas callejuelas de antiguas fachadas a través del centro de la ciudad, pues conducirá al paseante hacia plazas pequeñas, grandes o medianas, pero siempre pletóricas de ambiente.

BRÜGGE

Die Silhouette Brügges, wie auch die von Gent und Sint-Truiden wird von drei Türmen bestimmt, dem Bergfried neben den Hallen (13.-15. Jh.), dem Turm der Liebfrauenkirche und dem vom St. Salvator. Bemerkenswerte Bauten sind ausserdem noch das Rathaus (14. Jh.), die alte Kanzlei (16. Jh.), die Basilika des

BRUGES

Like Ghent and St-Truiden, Bruges is dominated by three towers ; the Belfry's, next to the trading halls (13th-century) ; the spire of Our Lady's ; and the tower of the St-Salvator cathedral. Other remarkable buildings include the basilica of the Holy Blood with its Basilius crypt ; the city hall (14th century) ; the old

BRUJAS

Lo mismo que Gante y Sint-Truiden, tres torres dominan la ciudad de Brujas: la de la Atalaya, en el flanco del Mercado Cubierto (s. XIII-XV); la de la iglesia de Nuestra Señora y la de la catedral de San Salvador. Otros admirables edificios son: al Ayuntamiento (s. XIV); la Antigua Escribanía (s.

hl. Blutes mit der romanischen Basiliuskrypta, das Gruuthuusemuseum, das St. Johanneshospital mit dem berühmten Memlingmuseum, zahlreiche Patrizierhäuser und dem lauschigen Beginenhof am «Minnewater». Wegen seiner Sammlung flämischen Primitiver ist das Stadtmuseum eines der bedeutendsten für Forschung und Studium. Fesselnd ist ein Spaziergang durch Brügge längs der vielen idyllischen Kanäle (Reien), Gassen, Strässchen und Plätze. Besonders empfiehlt sich eine nächtliche Promenade oder Bootsfahrt durch die märchenhaft beleuchtete Stadt.

BRÜSSEL

Die städtischen Baureformen, die Europa im 19. Jahrhundert überfluteten, waren recht verhängnisvoll für die Kunstwerke Brüssels. Zahlreiche alte Bezirke und Bauten mussten Platz machen für breite Verbindungsstrassen und Alleen. Aber nicht nur das 19. Jahrhundert war in dieser Hinsicht ohne Gnade. Nach dem zweiten Weltkrieg wurde der hübsche und romantische Kunstberg zu Gunsten der pseudomodernen Albertinabibliothek zum Abbruch verurteilt. Doch kann Brüssel noch immer stolz sein auf seinen reichen Kunstbesitz, abgesehen von seinen reichen Museen. Das Schönste ist zweifellos der Grosse Markt, ein einzigartiges Ganzes, dessen Entstehungszeit vom 15. bis zum 19. Jahrhundert reicht : das ausserordentlich feine, gotische Rathaus, das neogotische Brothaus — nach den ursprünglichen Plänen wiedererbaut — und die spätbarocken Gildehäuser mit ihren reichgeschmückten und vergoldeten Fassaden. In der Nähe befindet sich der Barockbrunnen, weltbekannt und geliebt, das «Manneken Pis», Treffpunkt der Touristen aus aller Welt.

Auch an Kirchen ist Brüssel reich : die Kapellenkirche (13. Jh.) mit dem Grab von P. Bruegel d.Ä., die Liebfrauenkirche «van-de-Zavel», ein Glanzstück brabanter Gotik, die ebenfalls gotische St. Michaelskathedrale auf dem Treurenberg (14.-16. Jh.), die zierlichen barocken Kirchen : die Liebfrau-von-Beistandkirche, die Beginenkirche und die der Reichen Klarissen, die St.-Jakob-auf-dem-Koudenberg am Königsplatz, ein Beispiel eines reinen klassizistischen Stils, und die neobyzantinische Marienkirche in Schaarbeek.

Ausser dem Grossen Markt nennt Brüssel noch zwei weitere schöne Plätze sein eigen, beide in klassizistischem Stil : den eleganten, ausserordentlich harmonischen Köningsplatz und in der unteren Stadt die Place des Martyrs. Die Zunfthäuser des Grossen Marktes nannten wir bereits ; aber auch andere Bürgerhäuser aus dem 16., 17. und 18. Jahrhundert findet man in der Innenstadt. So z.B. die schönen alten Giebel in der Rue de la Montagne, in der Rue des Six Jeunes Hommes und in der Rue de Flandre, wo man unbedingt das Haus von «Bellona» (Nr. 46) bewundern muss. In der Rue Haute steht das erst vor kurzem restaurierte Bruegelhaus.

Als Grosstadt besitzt Brüssel natürlich auch Schlösser und offizielle Gebäude. An der

office of the clerk (16th century) ; the Gruuthuse museum ; St-John's hospital with the famous Memlinc museum ; many patrician residences, and the beutiful Beguinage group near the Minnewater.

Bruges municipal museum is one of the most important centres in the world for the study of the Flemish Primitive painters.

A promenade through Bruges, along its many canals (reien), lanes, streets, and squares is particularly enchanting. Also to be recommended is a promenade or excursion by boat at night, when the city is illuminated.

BRUSSELS

The urbanisation madness which ran over Europe in the 19th century has been particularly damaging for Brussels's old architecture. Numerous old districts and buildings had to make room for new connecting streets and avenues. The disaster did not end with the 19th century : after world war two the quaint, romantic Mont des Arts had to be sacrificed for the pseudo-modern Albertina Library.

Brussels, nevertheless, and apart from its important museums, still retains significant features from its past.

Supreme among them is of course the Grand'Place, a unique ensemble built between the 15th and the 19th century, with its elegant, gothic city hall, the neo-gothic Bread House (built after the original blue-prints), and the late-baroque corporation seats with their amply decorated, gilded façades. In the immediate vicinity there stands the well-known, baroque fountain of «Manneken Pis», around which tourists almost always are gathering.

Brussels also has many religious buildings ; the Kapelle-church (13th century) with the tomb of Peter Bruegel the Elder ; Notre-Dame-du-Sablon, a jewel of Brabant gothic architecture ; the gothic St-Michael cathedral on the Treurenberg (14th-16th century) ; the elegant baroque churches of Our Lady of Good Succour, of the beguinage, and of the Rich Clarisses ; St-Jacob Coudenberg, on Royal Square, a fine product of classical architecture ; and neo-Byzantine St-Mary's in Schaarbeek. Besides the Grand'Place Brussels also features two successful classical achievements : the majestic Place Royale, and, in the lower part of the city, the Martyrs's Square.

We already mentioned the corporation seats as fine examples of civil architecture on the Grand'Place. Bourgeois residences from the 16th, 17th, and 18th centuries are scattered all over the city.

There are fine old façades in the rue de la Montagne and the rue des six Jeunes Hommes, and at nr. 46 in the chaussée de Flandre we can admire the fine baroque residence called «Bellona's». The recently restored house of Bruegel is to be found in the rue Haute.

Like every major city, Brussels has a number of palaces and official buildings. On the place des Palais, the Royal Palace, and the Palace

XVI); la basílica de la Santa Sangre con la cripta románica de San Basilio; el Museo Gruuthuse; el hospital de San Juan con su célebre museo Memlinc; numerosas casas patricias y el lindo beaterio a orillas del Lago del Amor. El Museo Municipal de Brujas es uno de los principales museos del mundo para el estudio de los Primitivos flamencos.

Ni que decir tiene que un paseo a través de Brujas, a lo largo de los muchos canales o «reien», por callejones, viejas calles y plazoletas resulta lleno de encanto. Recomendamos especialmente un paseo nocturno en bote por la ciudad, mágicamente iluminada.

BRUSELAS

La marejada urbanizadora que sumergió al siglo XIX hizo estragos también en Bruselas. Muchos viejos barrios y cantidad de venerables casas tuvieron así que hacer sitio a anchos bulevares y avenidas. Sin embargo, no sólo el siglo XIX fue gran destructor urbanizante, también lo fue la segunda posguerra, que se las arregló para sacrificar el lindo y romántico «Mont des Arts» (Monte de las Artes) y convertirlo en la seudomoderna Biblioteca Alberto I y sus alrededores.

A pesar de tanto vandalismo, Bruselas puede todavía enorgullecerse de un patrimonio cultural muy rico, que completan importantes museos. La joya de este patrimonio es indiscutiblemente la Plaza Mayor, conjunto único que va del siglo XV al siglo XIX: el elegante Ayuntamiento gótico, la Casa del Rey neogótica (reconstruida según los planos iniciales), las Casas Gremiales de ricas fachadas doradas de estilo barroco tardío.

Muy cerca se encuentra la pequeña fuente barroca de Manneken-Pis de reputación mundial, punto de atracción para todo turista que visita Bruselas.

También hay los numerosos edificios religiosos: la iglesia de la Capilla (s. XIII) donde se encuentra la tumba de Bruegel el Viejo; la iglesia de Nuestra Señora de las Victorias, llamada del Sablón, una joya del gótico brabanzón; la catedral gótico de San Miguel, en el Treurenberg (s. XIV-XVI); las elegantes iglesias barrocas del Buen Socorro, del beaterio y de las Ricas Claras; la iglesia de Santiago de Coudenberg, en la Plaza Real, verdadera joya del arte neoclásico; la iglesia neobizantina de Santa María, en Schaarbeek. Además de la Plaza Mayor, Bruselas se enorgullece de otras dos plazas clasicistas, por cierto, bellísimas: la solemne y elegante Plaza Real y, en la parte baja de la ciudad, la Plaza de los Mártires.

Respecto a la arquitectura civil hemos mencionado ya las Casas Gremiales de la Plaza Mayor, pero hallamos igualmente casas de los siglos XVI, XVII y XVIII diseminadas por todo el centro, por ejemplo tenemos las bellas fachadas de la rue de la Montagne, de la rue des Six Jeunes Hommes, de la rue de Flandres. En esta última calle, en el número 46, se erige la bellísima casa barroca llamada «de Bellone». Y también en la rue Haute po-

Place des Palais liegt das königliche Schloss (18.-20 Jh.) und das Palais des Academies, in der Rue de la Loi befindet sich das Parlament, an der Petit Sablon das Egmontpalais, in der Rue de la Régence das Kgl. Musikkonservatorium mit dem reichen Instrumentenmuseum, die Gebäude der Bank von Brüssel, die einen sehr schönen klassizistischen Komplex bilden, und ihm gegenüber die Vorderfront der Kgl. Museen der Schönen Künste. Auf der Place Poelaert thront der riesige Justizpalast und am Ende der Rue de la Loi steht der Triumphbogen des Jubelparks (1905). Der Baueifer, der sich nach dem zweiten Weltkrieg entwickelte, schuf als Ergebnis u.a. das bemerkenswerte Verwaltungszentrum der Stadt Brüssel und das Philipsgebäude an der Place de Brouckère, die Lambertbank und das Hiltonhotel an der Ringallee, den Madouturm am Platz des gleichen Namens, den bereits teilweise verwirklichten Manhattenkomplex am Rogierplatz, den Berlaimontkomplex, den Sitz der verschiedenen europäischen Organisationen am Rond Point der Rue de la Loi.

Ausserdem sind noch die zahlreichen, sehr interessanten Museen zu erwähnen : das kgl. Museum für Schöne Künste (Malerei und Bildhauerei), das Museum für Kunst und Geschichte am Jubelpark (mit u.a. römischen, griechischen, indischen, präkolumbianischen und ägyptischen Abteilungen), das bereits genannte Musikinstrumentenmuseum, das Waffenmuseum an der Porte de Hal usw.

Ausserhalb der Innenstadt gelegen lohnt sich folgendes noch zu besichtigen : das Königsschloss in Laken (Residenz der königlichen Familie), das Erasmushaus und die St. Peterskirche zu Anderlecht, die Abtei Ter Kameren (18. Jh.), das Schlossgut Karreveld in Sint-Jans-Molenbeek, die Reste der Abtei in Vorst und das Museum für Zentralafrika in Tervuren.

of the Academies ; the Parliament, in the rue de la Loi. The place du Petit-Sablon leads to the discovery of the Egmont palace. The rue de la Régence features the Royal Conservatoire for Music with its rich instrumental museum, the buildings, in fine classical style, of the Banque de Bruxelles, and, on the other side, the front-façade of the Royal Museums of Fine Arts. Place Poelaert is dominated by the gigantic Courts of Justice, and a triumphal arch (1905) marks the end of the rue de la Loi.

After the second world war Brussels was in the throws of a truly building rage. Some remarkable achievements from recent years include : Brussels city's administrative centre, and Philips House on the place de Brouckère ; Banque Lambert and the Hilton Hotel on the ring ; the Madou tower at the place Madou ; the already partly completed Manhattan centre at the place Rogier ; and Berlaymont, the seat of several European institutions at the crescent of the rue de la Loi.

Brussels also numbers many important museums, such as the Royal Museum of Fine Arts (painting and sculpture) ; the Museums for Arts and History in the Parc du Cinquantenaire (Roman, Greek, Indian, pre-Columbian, Egyptian, and other sections) ; the already mentioned instrumental museum; the weapon museum at the Porte de Hal, etc.

Also worth mentioning at the city's periphery are the Royal Palace at Laken, the residence of the royal family ; Erasmus House and St-Peter's church in Anderlecht ; the set of buildings of La Cambre abbey (18th century) ; the castle-farm Karreveld in St-Jans-Molenbeek ; vestigia of the abbey at Vorst ; the museum for central Africa at Tervuren, etc.

demos admirar la residencia de Bruegel, recién restaurada.

Una gran ciudad como Bruselas posee naturalmente palacios y otros edificios públicos. Así encontramos en la Plaza de los Palacios, el Palacio Real (s. XVIII-XX) y el Palacio de las Academias; en la rue de la Loi, el Parlamento; cerca del «Petit Sablón», el Palacio de Egmont; en la rue de la Régence el Real Conservatorio de Música con su rico Museo Instrumental, los edificios del Banco de Bruselas, un conjunto clasicista muy bello; enfrente se levanta la fachada de los Reales Museos de Bellas Artes; en la Plaza Poelaert tenemos el gigantesco Palacio de Justicia, y, al final de la rue de la Loi, se alza el Arco de Triunfo del Cincuentenario (1905).

Después de la Segunda Guerra Mundial, un verdadero frenesí para construir se apoderó de la ciudad. Algunas notables realizaciones de estos últimos años son: el Centro Administrativo de la ciudad de Bruselas y el «building» Philips, en la Plaza de Brouckère; el Banco Lambert y el hotel Hilton en la avenida del Pequeño Cinturón; la torre Madou, en la Plaza del mismo nombre; el complejo Manhattan, ya parcialmente realizado en la Plaza Rogier; el conjunto Berlaimont, la sede de los distintos organismos de la Comunidad Europea, en el Rond Point Schumann (en la parte alta de la rue de la Loi).

Numerosos y ricos museos merecen la visita de los turistas: los Reales Museos de Bellas Artes (pintura y escultura); los Museos de Arte y Historia del Cincuentenario (antigüedades romanas, griegas, indias, egipcias, precolombinas, etc.); el ya mencionado Museo Instrumental; el Museo de Armas en la Puerta de Hal, etc.

En la periferia hay que citar igualmente: el Palacio Real de Laeken, residencia de la familia real; la Casa de Erasmo y la iglesia de San Pedro, en Anderlecht; el complejo de la Abadía de la Cambre (s. XVIII); la granja fortificada del Karreveld, en Molenbeek-Saint-Jean; las ruinas de la Abadía de Forest; el Museo de Africa Central, en Tervuren, etc.

GENT

Gent, welches im Mittelalter die Hauptstadt der Grafschaft Flandern war, ist eine der schönsten und interessantesten Städte Belgiens.

Vier Türme der bedeutendsten Bauten beherrschen die Altstadt : die beiden der St. Nikolaus- und St. Michaelkirche (13.-16 Jh.), der des Bergfrieds mit den Hallen (13.-14. Jh.) und der der St. Bavokirche. Auch das «Gravensteen» (12. Jh.), das «Geeraard-Duivelsteen» (13. Jh.), die mittelalterlichen Häuser (Stenen) in der Nähe des Rathauses (Gotik-Renaissance), die gotische Fleischhalle, viele Giebel aus dem Mittelalter im Renaissance-und Barockstil, u.a. die «Sikkel» und die «Achtersikkel», das Patrizierhaus d'Hane-Steenhuyse, die Reste der Bijloke, die

GHENT

Ghent, capital city of the county of Flanders in the Middle Ages, today is one of Belgium's finest, and most characteristic cities.

The towers of four remarkable buildings are dominating the city's centre : St-Nicholas's (13th century), St-Michael's (16th century), the Belfry with its trading halls (13th-14th century), and St-Bavo's cathedral (13th-14th century).

Also to bee seen in the city's centre are the Counts' fortress (12th century), the Geeraard-Duivel fortress (13th century), the medieval fortresses in the vicinity of the gothic-Renaissance city hall, the gothic Meat Hall, several buildings from medieval, Renaissance and baroque periods, such as «de Sikkel», and the «Achter-Sikkel», the d'Hane-

GANTE

Capital del condado de Flandes en la Edad Media, Gante es actualmente una de las más bellas y características ciudades de Bélgica.

Cuatro monumentos particularmente notables dominan la ciudad desde lo alto de sus torres: la iglesia de San Nicolás (s. XIII), la iglesia de Sant Miguel (s. XVI), la Atalaya con el Mercado Cubierto (s. XIII-XIV) y la catedral de San Bavón (s. XIII-XIV).

En el centro de la ciudad vemos también el Castillo de los Condes (s. XII), el «Steen» de Gerardo el Diablo (s. XIII), las casas medievales («stenen») que están cerca del Ayuntamiento (de estilo gótico y renacentista), el gótico Mercado de las Carnes y las numerosas residencias de la Edad Media, o de estilo renacentista, barroco o rococó tales como «De

St. Bavo, die St. Peter und Baudeloabteien und schliesslich der ländlich schöne, wiederhergestellte kleine Beginenhof befinden sich in der Altstadt.

Die wichtigsten Museen sind : das kgl. Museum für Schöne Künste (Malerei und Bildhauerwerke), das Volkskundemuseum und das Bijlokemuseum (Fresken, Malerei und Bildhauerwerke).

Steenhuyse residence, vestigia from abbeys carrying the names of Bijloke, St-Bavo's, St-Peter's and Baudelo, the rural, well-restored Small Beguinage, etc...

Important museums are the museum of Fine Arts (paintings and sculpture), the folklore museum, and the Bijloke museum (frescoes, paintings, and sculptures).

Sikkel» y «De Achter-Sikkel», la mansión d'Hane-Steenhuyse, los vestigios de la Abadía de la Bijloke y los de las Abadías de San Bavón, de San Pedro y de Baudelo, y por fin el lindo Pequeño Beaterio, recién restaurado.

Museos importantes son: el Museo de Bellas Artes (pintura y escultura), el Museo Folklórico, y el Museo de la Bijloke (frescos, pinturas y escultura).

LÜTTICH

Lüttich, am Rande der Ardennen und am Ufer der Maas in einer herrlichen Landschaft gelegen, besitzt zahlreiche Zeugen einer mächtigen und ruhmvollen Vergangenheit. Zu den wichtigsten kirchlichen Bauten gehören die romanische Bartholomäuskirche (mit Taufbecken von Renier von Huy), die St. Antoniuskirche (13.-18. Jh.) und die St.-Johanneskirche mit romanischem Turm. Unter den Profanbauten sind u.a. sehenswert : der fürstbischöfliche Palast mit seinen Arkaden und seinen zwei schönen weiten Innenhöfen, das «Perron» (18. Jh., Symbol der städtischen Privilegien und Freiheiten) und das imposante Curtiushaus als Beispiel einer geräumigen Patrizierwohnung aus dem 18. Jahrhundert, jetzt Museum. Ausserdem sind noch das Museum für Schöne Künste, das Grétrymuseum und das Wallonische Volkskundemuseum bemerkenswert.

LIEGE

Liège, located on the banks of the river Meuse in the immediate vicinity of the Ardennes, and in a magnificent setting, holds many reminders of the city's glorious past.

Its main churches include : Romanesque St-Bartholomew (baptismal font by Renier de Huy), St-Anthony's (13th-18th century), and St-John's (with Romanesque tower).

Important civil buildings are the 16th century palace of the Prince-Bishops with its two vast interior courts and vaulted galleries ; the Perron (18th century, symbol of municipal liberties) ; the impressive Curtius House, a great 18th century patrician residence, now a museum. Main museums are the museum of Fine Arts, the Grétry museum, and the museum of Walloon Life.

LIEJA

Situada al lado de las Ardenas, a orillas del Mosa y en medio de un paisaje hermosísimo, Lieja tiene muchos testigos de su pasado tan glorioso.

Las iglesias más importantes incluyen: la iglesia románica de San Bartolomé (pila bautismal de Renier de Huy), la iglesia de San Antonio (s. XIII-XVIII), la iglesia de San Juan con su torre románica.

Como edificios civiles notables destacan el Palacio de los Príncipes Obispos del siglo XVI, con sus dos amplios patios y galerías abovedadas, el Perrón (s. XVIII, símbolo de las libertades municipales), el imponente Museo Curtius, una mansión patricia del siglo XVIII, albergando actualmente colecciones arqueológicas. Entre los museos mencionemos el Museo de Bellas Artes, el Museo Grétry y el de la Vida Valona.

MONS

Einst war sie die Hauptstadt der Grafschaft, jetzt die der Provinz Hennegau. Sie besitzt einige sehr interessante Bauten und Museen. Am wichtigsten ist sicher die zierliche, gotische St. Waltrudiskirche (15. Jh.) in der Reliefs und Bildhauerwerke von Jacques Dubroeucq zu sehen sind, wie auch der berühmte Prozessionswagen «Car d'Or» (17. Jh.). Ausserdem sind das gotische Rathaus, der barocke Bergfried und die Ruinen der früheren gräflichen Residenz (13. Jh.) sehenswert. Mons hat auch einige reiche Museen : das Domherr-Puissant-Museum für Altertum, das Heimatmuseum, das Naturkundemuseum usw.

MONS

Mons, once the capital city of a country, and now the main centre of the province of Hainaut, holds a few interesting buildings and museums.

The main feature there is the fine, gothic church of St-Waltrude (15th century), preserving reliefs and sculptures by Jacques Dubroeucq, and the famous processional chariot «Car d'Or» (17th century). Further worth mentioning are the gothic city hall, the baroque belfry, and vestigia from the former counts residence (13th century).

Mons also has well-filled museums : Canon Puissant's museum of archeology ; the «Musée de la Vie Montoise» ; the museum for natural history, etc...

MONS

Otrora capital del condado de Henao, Mons es actualmente capital de la provincia que lleva el mismo nombre, por cuanto la ciudad posee edificios y museos interesantes.

Principalmente notable es la bella colegiata gótica de Santa Waudru (s. XV), en la que pueden admirarse esculturas de Jacques Dubroeucq, así como el conocido «Carro de Oro» (s. XVII) de la procesión. Conviene mencionar igualmente el Ayuntamiento, la Atalaya barroca y los vestigios de la antigua residencia condal (s. XIII).

Los museos más importantes son el de «Chanoine Puissant» (arqueología), el Museo de la Vida Montesa y el Museo de Historia Natural, etc.

NAMUR

Früher Hauptstadt der Grafschaft, jetzt der Provinz, wundervoll am Zusammenfluss von Sambre und Maas gelegen und beherrscht von der hoch gelegenen mächtigen Zitadelle (17. Jh.), das ist Namur. In der Altstadt befindet sich das archäologische Museum, untergebracht in dem früheren Haus der Metzger, das Haus des Ordens der Nonnen der Liebfrau, mit den einzigartigen Goldschmiedearbeiten von Hugo d'Oignies (12. Jh.), der Bergfried (14. Jh.), die St. Albanuskathedrale (18. Jh.), das Patrizierhaus de Groesbeek de Croix (18. Jh.) u.a.

NAMUR

Former county capital, now the province's main city, is located in a magnificient setting at the confluence of Meuse and Sambre which is dominated by an impressive citadel (17th century).

The old city features the archeological museum, housed in a former Meat House ; the House of the Sisters of Our Lady, with unique gilded wrought work by Hugo d'Oignies (12th century) ; the Belfry (14th century) ; St-Alban's cathedral (18th century) ; the Groesbeek de Croix residence (18th century), etc.

NAMUR

Antigua capital del condado de Namur, actualmente es capital de la provincia del mismo nombre, Namur está maravillosamente situada en la confluencia de los ríos Mosa y Sambre, al pie de una imponente ciudadela (s. XVII). En el casco viejo de la ciudad encontremos el Museo Arqueológico, alojado en la Antigua Carnicería, la Casa de las hermanas de Nuestra Señora, con inigualables colecciones de orfebrería de Hugo d'Oignies (s. XII), la Atalaya (s. XIV), la catedral de San Albán (s. XVIII), la mansión de Groesbeek de Croix (s. XVIII), etc.

TOURNAI

Obwohl sie durch den letzten Weltkrieg sehr gelitten hat, blieben doch die wichtigsten Kunstgüter erhalten, u.a. die prachtvolle romanische Kathedrale mit ihren fünf Türmen und dem gotischen Chor, der Bergfried (12. Jh.), welcher der älteste Belgiens ist, die den Heiligen St. Quintinus, St. Jakob und St. Piat (13. Jh.). St. Nikolaus und St. Brice (12. Jh.) geweihten Kirchen, das archölogische Museum, das wallonische Heimatmuseum und schliesslich zahlreiche alte romanische, gotische, barocke und Rokoko-Häuser.

ANDERE KUNSTSTÄDTE

Es ist eine vergebliche Mühe, alle grossen und kleinen Städte hier aufzuzählen, geschweige denn ihren oftmals bemerkenswerten künstlerischen Besitz einzeln zu besprechen. Doch werden wir versuchen, das wichtigste, nach Provinzen geordnet, zu erwähnen oder wenigstens die Aufmerksamkeit auf weniger bekannte Städte mit einer reichen kulturhistorischer Vergangenheit zu lenken.

DIE PROVINZ ANTWERPEN

Diese Provinz besitzt ebenfalls ein paar bedeutende Kunststädte, z.B. LIER mit Rathaus aus dem 18. Jh., dem gotischen Bergfried und der St. Gummariuskirche, ausserdem mit einem der am besten erhaltenen Beginenhöfe Belgiens. Schliesslich die wichtige Stadt MECHELEN, die sehr reich ist an alten Gebäuden mit geschichtliche Erinnerungen : die St. Romboutskathedrale (15. Jh.) die gotische Liebfrau-over-de-Dijle-Kirche, die Hanswijkkirche (17. Jh.), das Rathaus und die Tuchhalle (14. Jh.), der frühere Palast der Margarete von Österreich, das Patrizierhaus Busleyde, das alte Schöffenhaus (jetzt Archiv), zahlreiche alte Giebel, u.a. das Haus der «Zalm» und das «Duivelhuis» an der Dijle.

BRABANT

In Südbrabant befinden sich die Kunststädte NIVELLES (romanische St. Gertrudiskirche mit Resten früherer merovingischer Kirchen. HALLE mit seiner schönen gotischen Liebfrauenbasilika und seinem Renaissancerathaus. In Nordbrabant liegen TIENEN mit seiner Liebfrau-ter-Poelkirche und die brabanter Perle : ZOUTLEEUW, einzigartig mit mittelalterlichen Gebäudekomplexen : die gotische St. Leonarduskirche, die ein richtiges Museum ist mit Bildhauer- und Silberarbeiten, Stickereien u.a. Kunstschätzen, das Rathaus (16. Jh.), die Tuchhalle und viele alte Giebel. AARSCHOT mit gotischer Liebfrauenkirche (ausserordentlich sehenswert ist das Chorgestühl und der spätgotische Lettner) und Rathaus. DIEST mit gotischer St. Sulpitiuskirche, Hallen (14. Jh.), Rathaus (18. Jh.) und einem gut erhaltenen, stimmungsvollen und ausgedehnten Beginenhof. Ein wichtiges

TOURNAI

The city was severely damaged during the last war, but its main buildings have been preserved : the superb Romanesque cathedral with its five towers and gothic choir ; the Belfry (12th century), Belgium's oldest one ; St-Quintin's, St-Jacob's and St-Piat's (13th century) ; St-Nicholas', and St-Brice's (12th century) ; the archeological museum ; the musée de la Vie Wallonne ; and many old, Romanesque, gothic, baroque, or rococo residences.

THE OTHER ART CENTRES

It would be impossible to survey all the major cities and smaller towns in terms of their artistic significance, let alone to describe some of the latter's holdings which sometimes are even more important than those already mentioned here. We nevertheless want to mention the main ones, classified by their respective provinces, if only to draw attention to some places with a major historical significance.

ANTWERP

The province has a couple of important towns of art, such as, e.g., LIER, with its 18th century town hall, gothic Belfry and St-Gummarus church, besides one of Belgium's best preserved beguinages ; and the important city of MECHELEN with its many old buildings and traces from the past : St-Rombout's cathedral (15th century), the gothic Our Lady-of-beyond-the-Dijle, the Hanswijk church (17th century), the city hall and Cloth hall (14th century), the former palace of Margaret of Austria, the Busleyden residence, the old Aldermen's house (now archives), several old houses such as the Salmon, and the Devil, on the bank of the Dijle.

BRABANT

Southern Brabant features as art centres NIVELLES (Romanesque St-Gertrude's with, under the present church, vestigia from earlier Merovingian churches), and HALLE, with its fine gothic basilica of Our Lady, and Renaissance town hall. Northern Brabant has, besides TIENEN and its church of Our Lady at the Pool, the unique medieval jewel ZOUTLEEUW (gothic St-Leonard's, a true museum of sculpture, silverwork and embroideries, a 16th century town hall, the Cloth hall, and many old houses) ; AARSCHOT, with gothic Our Lady's (superb choir seats and late gothic rood-screen), and city hall ; DIEST, with its gothic St-Sulpitius's, 14th century trading halls, town hall (18th century), and wide, well-preserved beguinage ; LEUVEN, the old art and university centre, with its gothic city hall, St-Peter's (13th century), St-Gertrude's, 17th century's

TOURNAY

Aunque haya quedado muy deteriorada por la Segunda Guerra Mundial, la ciudad posee todavía importantes monumentos entre los cuales están la catedral románica de Nuestra Señora con sus cinco campanarios y el coro gótico; la Atalaya (s. XII) es la más antigua del país; las iglesias de San Quintín, de Santiago y de San Piat (las tres del siglo XIII); las iglesias de San Nicolás y de San Brice (ambas del siglo XII). Respecto a museos hay los de Bellas Artes y de la Vida Valona y también el Museo Arqueológico.

OTROS CENTROS DE ARTE

Es imposible de ofrecer al lector una relación completa de las ciudades grandes o pequeñas que, a veces, son más importantes desde el punto de vista artístico que las que acabamos de mencionar.

Esto no impide que intentemos sin embargo de dar una idea sucinta de tanta riqueza agrupando por provincia las ciudades con un rico pasado cultural y histórico a las que queremos aludir a continuación.

LA PROVINCIA DE AMBERES

Esta provincia posee igualmente unas importantes centros de arte como por ejemplo LIER con su Ayuntamiento del siglo XVIII, la Atalaya de estilo gótico y la iglesia de San Gomarus. Además es aqui que se encuentra uno de los beaterios mejor conservados de Bélgica. También MALINAS es una ciudad muy importante, particularmente rica en monumentos y recuerdos históricos: la catedral de San Romualdo (s. XV), la iglesia gótica de Nuestra Señora-más-allá-del-Dijle, la iglesia de Hanswijk (s. XVII), el Ayuntamiento y el Mercado de los Paños (s. XIV), el antiguo Palacio de Margarita de Austria, la mansión Busleyde, la vieja Concejalía (actualmente es Archivo), numerosas antiguas casas como «De Zalm» (El Salmón) y el «Duivelshuis» (la Casa del Diablo), a lo largo del Dijle.

BRABANTE

En el Sur de la provincia, tenemos NIVELLES cuya iglesia románica de Santa Gertrudis ha revelado, debajo de sus cimientos, vestigios de una iglesia merovingia y HAL, con su bella basílica gótica de Nuestra Señora y su Ayuntamiento de estilo renacentista. En el Nordeste se hallen TIENEN con la iglesia de Nuestra Señora del Lago y sobre todo LEAU, perla del turismo brabanzón, que nos aguarda con un conjunto medieval único formado por la iglesia gótica de San Leonardo (verdadero museo de esculturas, orfebrería y bordados), el Ayuntamiento del siglo XVI, el Mercado de Paños y las antiguas casas. Seguimos con AARSCHOT que se enorgullece de una iglesia gótica de Nuestra Señora (escaños y coro alto de estilo gótico flamígero) y de su Ayuntamiento. También DIEST posee su propia iglesia gótica de San Sulpicio, y luego se levanta aqui el Mercado Cubierto del siglo

Kunstzentrum ist die alte Universitätsstadt LÖWEN, mit gotischem Rathaus und St. Peterskirche, St. Gertrudis aus dem 13. Jh. und St. Michael (17. Jh.) mit der schönsten Barockfassade in Belgien, gotischen Hallen, Beginenhof, zahlreichen alten Häusern und Universitätsgebäuden.

HENNEGAU

Zu dieser Provinz gehören neben Mons und Tournai noch ein paar interessante kleine Städte, u.a. ATH mit Rathaus (17. Jh.), Burbantturm (12. Jh.) und alten Häusern. SOIGNIES mit St. Vincentiuskirche, eine der berühmtesten romanischen Kirchen Belgiens. BINCHE mit seiner mittelalterlichen Ringmauer und seinem Rathaus (1554).

LIMBURG

Diese Provinz, die erst in jüngster Zeit vom Tourismus entdeckt wurde, besitzt zahlreiche verborgene Schätze, die es verdienen besser bekannt zu werden. Eine der schönsten Kunststädte ist zweifellos MAASEIK, berühmt weger seiner maasländischen Hausfassaden (17. Jh.), seiner alten Apotheke, die auch Stadtmuseum ist, dem Kirchenschatz von Aldeneik mit dem berühmten Codex Eyckensis (8. Jh.), mit Gold- und Silberschmiedearbeiten und der gut erhaltenen romanischen Kirche von Aldeneik. In der Hauptstadt der Provinz HASSELT finden wir neben einigen schönen alten Häusern (u.a. die Apotheke am Grossen Markt) das gut restaurierte Rathaus (ein Patrizierhaus des 18. Jh.), den Beginenhof, die St. Quintinuskirche (13.-19 Jh.) und die Liebfrauenkirche (18. Jh.). Etwas südlicher liegen : SINT-TRUIDEN mit dem Rathaus (18. Jh.) und dem Bergfried (1616), der restaurierten romanischen St. Gangulfuskirche und dem Beginenhof (17.-18. Jh.) und TONGEREN (beide zusammen mit Tournai die ältesten Städte Belgiens) mit der gotischen Liebfrauenkirche mit berühmten Kirchenschatz und romanischem Klostergang, römischen und mittelalterlichen Festungsmauern, Beginenhof und sehr interessantem Gallo-romanischem Museum.

LÜTTICH

Hier ist die bemerkenswerte Kunststadt HUY mit ihrer gotischen Stiftskirche und dem Kirchenschatz (prachtvolle Reliquienschreine), dem Rathaus (1765), dem «Bassinia»-Brunnen und der St. Mengoldkirche (13.-16. Jh.). EUPEN mit St. Nikolauskirche (1727), Rathaus (1776) und einigen schönen Patrizierhäusern aus dem 18. Jahrhundert. MALMEDY, welches schwer im letzten Weltkrieg beschädigt wurde, besitzt noch seine imposante Abteikirche (18. Jh.). STAVELOT hat, neben den Resten einer Abtei (18. Jh.) noch die St. Sebastiankirche mit kostbarem Reliquienschrein von St. Remacle (13. Jh.), ein Guillaume Appollinaire-und ein Lohgerber-Museum.

St-Michael's with its baroque façade, the finest one in our regions, gothic halls, beguinage, besides several old houses and university buildings.

HAINAUT

Besides MONS and TOURNAI, the province features a few smaller towns such as ATH, with 17th century town hall, Burbant tower (12th century), and old houses ; SOIGNIES, with its St-Vincent's, one of Belgium's best-known Romanesque churches ; BINCHE, with its old, medieval city walling and town hall (1554).

LIMBURG

One of the most significant art centres there is certainly MAASEIK, well-known for its many house façades in the Mosan style (17th century), its old pharmacy, also for its municipal museum, the church's treasure at Aldeneik with the famous Codex Eyckensis (8th century), gold- and silver-wrought work, and the well-preserved Romanesque church at Aldeneik. HASSELT, the province's main city, features besides a few fine houses (such as the Pharmacy on the Market Place) the restored city hall (a previous, 18th century patrician residence), a beguinage, St-Quintin's (13th-19th century), and 18th century Our Lady's. More to the South there are SINT-TRUIDEN with 18th century town hall, belfry (1616), restored Romanesque St-Gangulfus's, and beguinage (17th-18th century), and TONGEREN, together with TOURNAI Belgium's oldest city (gothic Our Lady's with its famous treasury and Romanesque cloister, Roman and medieval fortified walls, beguinage, and a very important Gallo-Roman museum).

LIEGE

Main art centres here are HUY, with its gothic collegiate church and treasury (superb relic shrines), town hall (1765), «Bassinia» fountain, and St-Mengold's (13th-16th century) ; EUPEN, with St-Nicholas's (1727), town hall (1776), and a few fine 18th century residences ; MALMEDY, which suffered greatly in the last war, but still retain an imposing 18th century abbey church ; STAVELOT with, besides vestigia of an 18th century abbey, St-Sebastian's housing the precious relic shrine of St-Remacle (13th century), a Guillaume Apollinaire museum and a museum of leather tanning.

XIV, el Ayuntamiento (s. XVIII) y un beaterio admirablemente conservado.

HENAO

Además de MONS y TOURNAY, la provincia de Henao posee algunas pequeñas ciudades intersantes como ATH, con su Ayuntamiento (s. XVII), su Torre de Burbant (s. XII) y casas antiguas; SOIGNIES, con su iglesia de San Vicente, uno de los edificios religiosos de estilo románico más famosos de Bélgica; BINCHE y sus fortificaciones medievales y su Ayuntamiento (1554).

LIMBURGO

Provincia turística reciente, el Limburgo no deja por eso de poseer cantidad de tesoros que merecen ser más conocidos.

MAASEIK es indiscutiblemente una ciudad importante, célebre por sus numerosas casas con remates de tejado de estilo mosano (s. XVII), su antigua farmacia convertida en museo, el tesoro de la iglesia de Aldeneik que encierra el famoso Códice Eyckensis (s. VIII) así como orfebrería de oro y plata, la iglesia de Aldeneik en sí es muy interesante.

HASSELT, capital de la provincia, tiene algunas antiguas casas entre las cuales destacamos una farmacia (en la Plaza Mayor), un Ayuntamiento cuidadosamente restaurado (es una antigua casa patricia del siglo XVIII), el beaterio, la iglesia de San Quintín (s. XIII-XIX), la iglesia (s. XVIII) de Nuestra Señora. Más hacia el Sur están SINT-TRUIDEN, con su Ayuntamiento del siglo XVIII y su Atalaya de 1616, una iglesia románica restaurada de San Gangulfo, un beaterio (s. XVII-XVIII), y TONGEREN que, junto con Tournay, es la ciudad más antigua de Bélgica, con su iglesia gótica de Nuestra Señora y su célebre tesoro y claustro románico, sus fortificaciones romanas y medievales y su interesante Museo Galorromano.

LIEJA

Esta provincia cuenta con las siguientes ciudades de arte: HUY, con su colegiata gótica de Nuestra Señora y su tesoro (admirables relicarios), su Ayuntamiento (1765), su fuente llamada «Bassinia», y su iglesia de San Mengold (s. XIII-XVI); EUPEN, con su iglesia de San Nicolás (1727), su Ayuntamiento (1776) y algunas casas patricias del siglo XVIII; MALMEDY, que quedó muy deteriorada durante la Segunda Guerra Mundial, posee sin embargo una imponente iglesia abacial del siglo XVIII; STAVELOT cuenta entre sus riquezas, además de los vestigios de su abadía del siglo XVIII, una iglesia de San Sebastián con el precioso relicario de San Remacle (s. XIII), el Museo Guillaume Apollinaire y un Museo de Curtiduría.

LUXEMBURG

ARLON, die Hauptstadt der Provinz, beherbergt ein archäologisches Museum ; VIRTON hat sein «Musée Gaumais». BOUILLON wird beherrscht von seiner Burg (11.-19. Jh.) und hat ausserdem noch Reste von Befestigungswerken und ein herzögliches Museum.

NAMUR

Eine der hübschesten Kunststädte dieser Provinz ist das entzückend gelegene Maasstädtchen DINANT, welches neben einer gotischen Liebfrauenkirche noch ein schönes Rathaus (17. Jh.) und eine Zitadelle besitzt.

OSTFLANDERN

AALST, die Stadt des Buchdruckers Dirk Martens, mit Schöffenhaus (13.-16. Jh.), Bergfried (15. Jh.) mit Glockenspiel, schönem Rathaus (18. Jh.) und St. Martinuskirche (15. Jh.). DENDERMONDE mit seinem Rathaus und Bergfried (14. Jh.), Beginenhof und Justizpalast (1924). NINOVE mit seiner stattlichen Abteikirche (17.-18. Jh.). GERAARDSBERGEN mit Rathaus (14. Jh.), St. Bartholomäuskirche (15.-19. Jh.) und St. Adrianusabtei (18. Jh.). Die wichtige Kunststadt OUDENAARDE mit der St. Walburgiskirche (13.-15. Jh.), dem berühmten Rathaus, einem Meisterwerk belgischer Baukunst (16. Jh.), der Liebfrau-van Pamele-Kirche (13.-16. Jh.), dem sog. Haus der Margarete von Parma, der Maria-Louisafontäne aus dem 19. Jh. SINT-NIKLAAS mit dem neugotischen Rathaus und seinen prächtigen alten Fassaden am Grossen Markt, der der ausgedehnteste Belgiens ist.

WESTFLANDERN

Bedeutende Kunststädte liegen im Hinterland der Küste. Man besuche sie am besten nach dem Trubel der Sommerferien, wenn man die typische ruhige Kleinstadtatmosphäre dieser Orte geniessen will. Eine der schönsten und typischsten ist das früher so reiche VEURNE mit seinem Renaissance-Rathaus und Justizpalast aus dem 17. Jh., dem spanischen Turm (15. Jh.), der Fleischhalle (17. Jh.), der St. Walburgiskirche (13.-15. Jh.), der St. Nikolauskirche (15. Jh.) und den zahlreichen schönen alten Häusern. Das durch den ersten Weltkrieg fast vollständig vernichtete YPER, das ausserordentlich geschickt restauriert wurde und aufs neue mit seiner langgestreckten Halle und seinem Bergfried (13.-14. Jh.) glänzt, der St. Martinuskathedrale (13.-16. Jh.), dem Fleischhaus (13.-15. Jh.) und dem Biebuyckhaus (1544). DIKSMUIDE mit St. Martinuskirche und Rathaus, beide aus dem 14. Jahrhundert und wiederaufgebaut nach dem Krieg 1914/18. Die reiche Kunststadt KORTRIJK mit ihrem zierlichen Rathaus (16. Jh.), ihrer Liebfrauenkirche (13.-14 Jh.), dem Bergfried (14.-18. Jh.), der St. Martinuskirche (13. Jh.) und dem Broelturm (14.-15. Jh.).

LUXEMBOURG

ARLON, the province's main city, features an archeological museum ; VIRTON has its «Musée Gaumais», ; BOUILLON displays its fortified castle (11th-19th century), bastions and tombal museum.

NAMUR

One of the finest art centres here is the superbly located Mosan little city of DINANT which has a gothic Our Lady's, a fine 17th century town hall, and a citadel.

EAST FLANDERS

AALST, Dirk Martens's city, with aldermen's house (13th-16th century), Belfry (15th century) with carillon, the fine 18th century city hall, and St-Martin's (15th century) ; DENDERMONDE, with town hall, and Belfry (14th century), beguinage, and Court of Justice (1924) ; NINOVE with imposing abbey church (17th-18th century); GERAARDSBERGEN, with town hall (14th century), St-Bartholomew's (15th-19th century) and St-Adrian abbey (18th century) ; OUDENAARDE, very important as an art centre, with St-Walburgis's, its famous city hall, a master-piece of Belgian architecture (16th century), Our Lady's at Pamele (13th-16th century), the so-called house of Margaret of Parma, and 19th century Marie-Louise fountain ; SINT-NIKLAAS, with neo-gothic town hall and superb old houses on the Market Place, Belgium's largest one.

WEST FLANDERS

Important art centres are located in the coastal hinterland, and visiting them is to be recommended outside of the tourism season, when they display their small-town features. One of the finest towns there is VEURNE, a place that held great wealth in the past, as attested by its Renaissance town hall, 17th century Court of Justice, Spanish tower (15th century), Meat Hall (17th century) St-Walburgis's (13th-15th century), St-Nicholas's (15th century), and many old houses ; IEPER, almost totally destroyed in world war one, but exceptionally well-restored, as shown by its Trading Hall, Belfry (13th-14th century), St-Martin's cathedral (13th-16th century), Meat Hall (13th-15th century), and Biebuyck House (1544) ; DIKSMUIDE, with its St-Martin's and city hall, both from the 14th century, reconstructed after world war one ; and the wealthy city of KORTRIJK, with its elegant, gothic town hall (16th century), Our Lady's (13th-14th century), Belfry (14th century), St-Martin's (13th century) and Broel towers (14th-15th century).

LUXEMBURGO

ARLON, capital de la provincia, posee un Museo Arqueológico; VIRTON, un «Museo Gaumais»; BOUILLON, un castillo fortificado de los siglos XI-XIX, baluartes y un Museo Ducal.

NAMUR

Una de las más bellas ciudades de arte de esta provincia es DINANT, tan admirablemente situada a orillas del Mosa. Aquí podemos admirar, además de la iglesia gótica de Nuestra Señora, un Ayuntamiento del siglo XVII y una ciudadela.

FLANDES ORIENTAL

ALOST, la ciudad del arquetipógrafo Dirk Martens, con su Casa de Concejales (s. XIII-XVI), su Atalaya (s. XV) con el carillón, su hermoso Ayuntamiento del siglo XVIII, y su colegiata de San Martín (s. XV); DENDERMONDE, con su Ayuntamiento y Atalaya (s. XIV), su beaterio y Palacio de Justicia (1924); NINOVE con su elegante iglesia abacial (s. XVII-XVIII); GERAARDSBERGEN con su Ayuntamiento (s. XIV), la iglesia de San Bartolomé (s. XV-XIX) y la abadía de San Andrés del siglo XVIII; OUDENAARDE es una importante ciudad de arte con la iglesia de Santa Walburga (s. XIII-XV), el célebre Ayuntamiento, verdadera obra maestra de la arquitectura belga (s. XVI), la iglesia de Nuestra Señora de Pamele (s. XIII-XVI), la llamada Casa de Margerita de Parma, la fuente Maria-Luisa del siglo XIX; SINT-NIKLAAS con su Ayuntamiento neo-gótico y sus bellas casas antiguas en la Plaza Mayor, la más vasta de Bélgica.

FLANDES OCCIDENTAL

Importantes centros de arte están situados en la proximidad de la costa. Por esta razón resulta preferible visitarlos fuera de la temporada turística (verano) cuando se desea disfrutar de esa atmósfera tan típica de las pequeñas ciudades. Una de las más lindas y características es VEURNE, que antaño fuera tan rica, con su Ayuntamiento renacentista y Palacio de Justicia (s. XVII), la Torre Española (s. XV), la antigua Carnicería (s. XVII), la iglesia de Santa Walburga (s. XIII-XV), la iglesia de San Nicolás (s. XV) y numerosas antiguas casas; YPRES quedó casi completamente destruido durante la Primera Guerra Mundial (1914-1918), pero que ha sido espléndidamente restaurado desde entonces, se enorgullece de sus Mercados Cubiertos con Atalaya (s. XIII-XV) y de su Casa Biebuyck (1544); DIXMUIDE, iglesia de San Martín y Ayuntamiento, ambos del siglo XIV, pero reconstruidos después de la guerra antes citada; COURTRAY, rica ciudad de arte con su hermoso Ayuntamiento gótico y Atalaya (s. XIV), su iglesia de Nuestra Señora (s. XIII-XIV), la iglesia de San Martín del siglo XIII y la Torre Broel (s. XIV-XV).